NURTURING
HOPE

Child Development and Childcare Service
in China from the Perspective
of People's Livelihood

托举希望

民生视角
谈儿童发展与托育服务

佘宇　等　著

中国发展出版社
CHINA DEVELOPMENT PRESS

图书在版编目（CIP）数据

托举希望：民生视角谈儿童发展与托育服务 / 佘宇
等著 . — 北京：中国发展出版社，2023.7
ISBN 978-7-5177-1350-0

Ⅰ . ①托… Ⅱ . ①佘… Ⅲ . ①学前教育—教育事业—
研究—中国 Ⅳ . ① G619.2

中国版本图书馆 CIP 数据核字（2022）第 254312 号

书　　　名：托举希望：民生视角谈儿童发展与托育服务
著作责任者：佘宇　等
责 任 编 辑：郭心蕊　贾雅楠
出 版 发 行：中国发展出版社
联 系 地 址：北京经济技术开发区荣华中路 22 号亦城财富中心 1 号楼 8 层（100176）
标 准 书 号：ISBN 978-7-5177-1350-0
经 　销 　者：各地新华书店
印 　刷 　者：北京博海升彩色印刷有限公司
开　　　本：710mm×1000mm　1/16
印　　　张：16
字　　　数：205 千字
版　　　次：2023 年 7 月第 1 版
印　　　次：2023 年 7 月第 1 次印刷
定　　　价：69.00 元

联 系 电 话：（010）67892670　68360970
购 书 热 线：（010）68990682　68990686
网 络 订 购：http://zgfzcbs.tmall.com
网 购 电 话：（010）88333349　68990639
本 社 网 址：http://www.develpress.com
电 子 邮 件：174912863@qq.com

自　序

　　托育服务是保障和改善民生的重要内容，事关婴幼儿健康成长，事关千家万户。

　　2019 年是我国的"托育元年"，呈现一派新气象。这一年的 4 月，国务院办公厅印发《国务院办公厅关于促进 3 岁以下婴幼儿照护服务发展的指导意见》，首次明确了婴幼儿照护服务发展工作由卫生健康部门牵头，明确了 12 个政府部门、5 个群团组织的职责分工，明确了托育机构设置标准和管理规范由卫生健康部门制定。随后的半年多时间，除国家卫生健康委外，财政部、原中国银保监会、住房和城乡建设部、教育部、国家发展和改革委员会等部门也分别从税费优惠、托儿所建筑设计规范、紧缺人才培养培训等多个方面密集出台一系列政策举措，大力支持托育服务发展（见表 1）。虽然突如其来的新冠疫情在一定程度上打乱了托育服务原有的发展节奏，但随着全国抗击新冠疫情斗争取得重大战略成果，后疫情时代的托育服务发展再次迎来新的希望。

表1　　　　　　　2019年以来国家相关托育政策进展（部分）

时间	相关文件	政策要点
2019年4月	国务院办公厅印发《国务院办公厅关于促进3岁以下婴幼儿照护服务发展的指导意见》	首次明确了婴幼儿照护服务发展工作由卫生健康部门牵头，明确了12个政府部门、5个群团组织的职责分工，明确了机构设置标准和管理规范由国家卫生健康委制定
2019年6月	财政部等六部门发布《关于养老、托育、家政等社区家庭服务业税费优惠政策的公告》	首次规定为社区提供托育等服务的机构，享受免征增值税、契税等税费优惠
2019年8月	原中国银保监会办公厅印发《关于推动银行业保险业支持养老、家政、托幼等社区家庭服务业发展试点方案的通知》	在已有的校园责任险、监护人责任险和少儿平安意外险等保险产品的基础上，不断创新开发保险产品，为幼托行业提供更多的保险保证
2019年8月	住房和城乡建设部发布《托儿所、幼儿园建筑设计规范》局部修订的公告	重点对托儿所部分进行了修订，营造适用、安全、健康的幸福乐园。增加了托儿所的规模和各班婴幼儿的年龄、人数规定
2019年9月	教育部办公厅等七部门印发《关于教育支持社会服务产业发展　提高紧缺人才培养培训质量的意见》	原则上每个省份至少有1所本科高校开设家政服务、养老服务、托育服务相关专业。以面向社区居民的家政服务、养老服务、中医药健康服务、托育托幼等紧缺领域为重点，提出13项任务措施
2019年10月	国家卫生健康委印发《托育机构设置标准（试行）》和《托育机构管理规范（试行）》	建立专业化、规范化的托育机构；加强托育机构管理；涉及机构资质、人员资质和安全管理等方面
2019年10月	国家发展改革委、国家卫生健康委印发《支持社会力量发展普惠托育服务专项行动实施方案（试行）》	采取补助的方式，对于承担一定指导功能的示范性托育服务机构、社区托育服务设施，中央预算内投资按每个新增托位给予1万元的补助
2019年11月	财政部发布《关于〈中华人民共和国增值税法〉（征求意见稿）向社会公开征求意见的通知》	明确将托儿所纳入免征增值税项目
2019年12月	国家卫生健康委办公厅等四部门印发《托育机构登记和备案办法（试行）》	规范托育机构的登记和备案管理

续表

时间	相关文件	政策要点
2020年10月	教育部关于政协十三届全国委员会第三次会议《关于加快推动我国早期教育发展的提案》答复的函	出台支持政策；优化专业设置与布点；强化职业技能培养培训；等等
2020年10月	国家卫生健康委发布《托育机构保育指导大纲（试行）》（征求意见稿）公开征求意见的通知	指导托育机构为婴幼儿提供科学、规范的照护服务，促进婴幼儿健康成长
2020年10月	全国妇联印发《推进落实〈国务院办公厅关于促进3岁以下婴幼儿照护服务发展的指导意见〉的意见》	更好满足妇女群众和家庭对婴幼儿照护服务的需求，切实发挥妇联组织引领、服务、联系妇女的职能作用
2021年1月	国家卫生健康委印发《托育机构婴幼儿伤害预防指南（试行）》	进一步加强对托育机构的指导，提高托育机构服务质量，保障婴幼儿安全健康成长；托育机构应当最大限度地保护婴幼儿的安全健康，切实做好伤害防控工作，建立伤害防控监控制度，建立伤害防控应急预案，重点开展落实安全管理的主体责任、健全细化安全防护制度等五方面工作

2020 年 11 月，党的十九届五中全会通过的《中共中央关于制定国民经济和社会发展第十四个五年规划和二〇三五年远景目标的建议》把托育服务发展提升到积极应对人口老龄化国家战略的高度，提出"制定人口长期发展战略，优化生育政策，增强生育政策包容性，提高优生优育服务水平，发展普惠托育服务体系，降低生育、养育、教育成本，促进人口长期均衡发展，提高人口素质"。

为落实全会精神，2020 年 12 月 31 日，《国务院办公厅关于促进养老托育服务健康发展的意见》发布，再次强调指出"根据人口分布和结构变化，巩固家庭基础地位，强化政府保基本兜底线职能，健全政策体系，扩大多元主体多种方式的服务供给，促进服务能力提升和城乡区域均衡发展不断取得新进展"。这既是对 2019 年 4 月《国务院办公厅关于促进 3 岁以下婴幼儿照护服务发展的指导意见》的更好补充与完善，也是一个升级，基本能够用到的政策都有所体现，以后可能出现的政策也能够比照执行。例如，明确了政府职责，要求纳入地方规划编制范围；又如，支持普惠发展，出台"真金白银"、实的举措（更改用途、延长租期等）。地方只要有意愿就可以有依据地实施，提高了一些"好政策"的能级。

2021 年 3 月 12 日公布的《中华人民共和国国民经济和社会发展第十四个五年规划和 2035 年远景目标纲要》在第十三篇第四十五章第二节"健全婴幼儿发展政策"明确提出"发展普惠托育服务体系，健全支持婴幼儿照护服务和早期发展的政策体系。加强对家庭照护和社区服务的支持指导，增强家庭科学育儿能力。严格落实城镇小区配套园政策，积极发展多种形式的婴幼儿照护服务机构，鼓励有条件的用人单位提供婴幼儿照护服务，支持企事业单位和社会组织等社会力量提供普惠托育服务，鼓励幼儿园发展托幼一体化服务。推进婴幼儿照护服务专业化、规范化发展，提高保育保教质量和水平"。同时，在第十四篇第四十六章第二节"创新公共服务提供方式"再次提出"在育幼、养老等供需矛盾突出的服务领域，支持社会力量扩大普惠性规范性服务供给，保障提供普惠性规范性服务的各类机构平等享受优惠政策"。从主要指标和服务项目来看，"十四五"时期经济社会发展主要指标提出每千人口拥有 3 岁以下婴幼儿托位数从 2020年的 1.8 个增加到 2025 年的 4.5 个；而"一老一小"服务项目则提出支持150 个城市利用社会力量发展综合托育服务机构和社区托育服务设施，新增示范性普惠托位 50 万个以上。

5 月 31 日，中共中央政治局审议通过《中共中央 国务院关于优化生育政策促进人口长期均衡发展的决定》，强调"要将婚嫁、生育、养育、教育一体考虑，加强适婚青年婚恋观、家庭观教育引导，对婚嫁陋习、天价彩礼等不良社会风气进行治理，提高优生优育服务水平，发展普惠托育服务体系，推进教育公平与优质教育资源供给，降低家庭教育开支。要完善生育休假与生育保险制度，加强税收、住房等支持政策，保障女性就业合法权益"。发展普惠托育服务体系作为生育三个子女政策的重要配套支持措施被再次提及。

6月17日，国家发展改革委、民政部、国家卫生健康委印发《"十四五"积极应对人口老龄化工程和托育建设实施方案》。在建设任务方面，提出"一是新建或利用现有机构设施、空置场地等改扩建，建设一批公办托育服务机构，支持承担指导功能的示范性、综合性托育服务中心项目建设。二是扩大普惠性托育服务供给，支持企事业单位等社会力量举办托育服务机构，支持公办机构发展普惠托育服务，探索发展家庭育儿共享平台、家庭托育点等托育服务新模式新业态"。在项目遴选要求方面，明确提出"公办托育服务能力建设项目"和"普惠托育服务专项行动"两大类别，并在资金安排方面提出相应的中央预算内投资支持标准。

6月26日，《中共中央 国务院关于优化生育政策促进人口长期均衡发展的决定》正式印发。全文共29条，其中，15条至17条分别从建立健全支持政策和标准规范体系、大力发展多种形式的普惠服务、加强综合监管三个方面进一步明确如何"发展普惠托育服务体系"；18条至21条分别从完善生育休假与生育保险制度，加强税收、住房等支持政策，推进教育公平与优质教育资源供给，保障女性就业合法权益四个方面进一步明确如何"降低生育、养育、教育成本"。

7月21日，国家卫生健康委印发关于贯彻落实《中共中央 国务院关于优化生育政策促进人口长期均衡发展的决定》的通知，重点任务之三就是

"促进普惠托育服务发展"，包括研究编制"十四五"托育服务发展专项规划、实施"十四五"公办托育服务能力建设项目和普惠托育服务专项行动、鼓励有条件的用人单位在工作场所为职工提供托育服务等6项具体内容。

9月8日，国务院印发《中国儿童发展纲要（2021—2030年）》（以下简称"新儿纲"），这也是我国制定实施的第四个周期的中国儿童发展纲要。"新儿纲"在"儿童与健康"领域提出"促进城乡儿童早期发展服务供给，普及儿童早期发展的知识、方法和技能"的主要目标和"加强儿童早期发展服务"的策略措施；在"儿童与福利"领域提出"加快普惠托育服务体系建设，托育机构和托位数量持续增加"的主要目标和"发展普惠托育服务体系"的策略措施。

9月30日，国家发展改革委、国务院妇儿工委办公室、住房和城乡建设部、中央宣传部、中央网信办、教育部、公安部、民政部、财政部、自然资源部、生态环境部、交通运输部、文化和旅游部、国家卫生健康委、应急部、市场监管总局、广电总局、体育总局、国家医保局、国家林草局、共青团中央、全国妇联、中国残联联合印发《关于推进儿童友好城市建设的指导意见》，在"推进公共服务友好，充分满足儿童成长发展需要"部分就"支持发展普惠托育服务"和"加强儿童健康保障"（特别是关注生命早期1000天健康保障，加强婚前、孕前、孕产期保健和儿童早期发展服务）提出专门的任务要求。

10月23日，第十三届全国人大常委会第三十一次会议通过《中华人民共和国家庭教育促进法》，通过制度设计采取一系列措施，将家庭教育由传统"家事"上升为重要"国事"。强调学校和家庭配合是做好家庭教育的关键，其他社会力量的协助是家庭教育取得更好成效的保障。其中，在第四章（社会协同）第四十四条明确规定"婴幼儿照护服务机构、早期教育服务机构应当为未成年人的父母或者其他监护人提供科学养育指导等家庭教育服务"。

10月29日，国家卫生健康委印发《健康儿童行动提升计划（2021—2025年）》，在实施三孩生育政策的新形势下，统筹兼顾"保生存"和"促发展"，明确提出了推进儿童健康事业高质量发展的七方面主要举措。其中，第四项重点行动就是"儿童早期发展服务提升行动"，包括"加强婴幼儿养育照护指导"和"加强儿童早期发展服务阵地建设"两项具体任务。

12月28日，国家发展改革委、中央宣传部、教育部、公安部、民政部、司法部、财政部、人力资源和社会保障部、住房和城乡建设部、农业农村部、文化和旅游部、国家卫生健康委、退役军人部、国务院国资委、广电总局、体育总局、国家统计局、国家医保局、国家中医药局、全国妇联、中国残联联合印发《"十四五"公共服务规划》，将"发展普惠托育服务"作为推动重点领域非基本公共服务扩容的首要任务，强调发挥政府引导作用，鼓励支持社会力量重点加强托育领域普惠性规范性服务供给，面向广大人民群众提供价格可负担、质量有保障的普惠性托育服务。

2022年4月1日，中央宣传部、中央网信办、中央文明办、国家发展改革委、教育部、国家民委、民政部、财政部、人力资源和社会保障部、住房和城乡建设部、文化和旅游部、国家卫生健康委、国家体育总局、国家统计局、国家乡村振兴局、中国社科院、共青团中央等17部门联合印发《关于开展青年发展型城市建设试点的意见》，明确"注重普惠均等导向"作为基本原则，并在"围绕促进青年高质量发展，让城市对青年更友好"的第五个方面即"着力优化缓解青年婚恋生育养育难题的青年发展型城市生活环境"，明确提出要"发展成本可负担、方便可及的普惠托育和婴幼儿照护服务，完善普惠性学前教育保障机制，针对婴幼儿家庭开展科学育儿指导，缓解青年育幼后顾之忧"。

4月27日，国务院办公厅印发《"十四五"国民健康规划》，在"五、全周期保障人群健康"部分的第一方面就是"完善生育和婴幼儿照护服务"。其中，除了继续强调"实施三孩生育政策，完善相关配套支持措施"外，还专门用一个段落具体阐述如何"促进婴幼儿健康成长"，即"完善托育服务机构设置标准和管理规范，建立健全备案登记、信息公示和质量评估等制度，加快推进托育服务专业化、标准化、规范化。研究制定托育从业人员学历教育和相关职业标准，提高保育保教质量和水平。鼓励和引导社会力量提供普惠托育服务，发展集中管理运营的社区托育服务网络，完善社区婴幼儿活动场所和设施。支持有条件的用人单位单独或联合相关单位在工作场所为职工提供托育服务。加强对家庭的婴幼儿早期发展指导，研究出台家庭托育点管理办法，支持隔代照料、家庭互助等照护模式，鼓励专业机构和社会组织提供家庭育儿指导服务。支持'互联网＋托育服务'发展，打造一批关键共性技术网络平台及直播教室，支持优质机构、行业协会开发公益课程，增强家庭的科学育儿能力。加强婴幼儿照护服务机构的卫生保健工作，预防控制传染病，降低常见病的发病率，保障婴幼儿的身心健康"。

随后（见新华社北京5月6日电），中共中央办公厅、国务院办公厅还印发《关于推进以县城为重要载体的城镇化建设的意见》（以下简称《意见》），并发出通知，要求各地区各部门结合实际认真贯彻落实。《意见》在"五、强化公共服务供给，增进县城民生福祉"的"（二十三）发展养老托育服务"部分，再次明确提出要"发展普惠性托育服务，支持社会力量发展综合托育服务机构和社区托育服务设施，支持有条件的用人单位为职工提供托育服务，支持有条件的幼儿园开设托班招收2至3岁幼儿"。

7月25日，国家卫生健康委、国家发展改革委、中央宣传部、教育部、民政部、财政部、人力资源和社会保障部、住房和城乡建设部、中国人民银行、国务院国资委、国家税务总局、国家医保局、中国银保监会、全国总工会、共青团中央、全国妇联、中央军委后勤保障部等17部门联合印发《关于进一步完善和积极落实生育支持措施的指导意见》，将"发展普惠托育服务体系"单列出来，重点围绕"基本、普惠、投资、收费、减负"五个关键词下功夫，从增加普惠托育服务供给、降低托育机构运营成本和提升托育服务质量三方面提出具体举措，推动托育服务体系加快发展。

可以说，短短三年多的时间，国家层面出台了一系列"利好"政策，各地也因地制宜开展了多种形式的模式探索并辅之以各有特色的"亮点"举措，各级行业协会、学会和专业智库蓬勃发展，我国托育事业发展面临前所未有的良好机遇。但也应该看到，我国托育事业发展仍处于改善管理、提高质量的关键起步期，相关法律法规、标准规范仍有待继续完善，实现从业人员"大而有序"和"质量并重"仍然任重而道远，与广大人民群众殷殷期待的安全优质、价格适中、方便可及的美好托育服务还有不小距离。我想，这些都是托育事业发展需要努力的方向，也是政策咨询研究人员需要持续关注的内容。

三年多来，在相关政策解读和实际调研过程中，我对整个托育事业发展的理解和认识也在不断深化，初步形成自己不同时期的"托育观"。例如，2019年提出要科学界定不同主体在托育服务中的定位即"家庭尽主责，社区能依托，市场有所为，政府起作用"，2020年建议发展普惠托育服务体系要以"调整存量、用好增量、提高质量"为重点，2021年进一步强调加快普惠托育服务体系建设"急不得，慢不得，等不得"。那么，2022年的托育服务又将往何处去？我想，或更加聚焦于推动三孩生育政策全面落地、构建生育友好场所和社会环境、实现托育全产业链健康可持续发展等方面，努力构建适应我国国情、发展阶段和中华文化的普惠托育服务体系，各位不妨拭目以待！

本书收录了 2019 年以来我撰写的研究报告以及在媒体公开发表或接受采访的部分涉及托育服务、儿童发展的文章，共计 37 篇。这些文章大体分为四类：一是研究报告，如《"幼有所托"的上海模式及其启示》《巴西"快乐儿童"项目及其启示》和《以调整存量、用好增量、提高质量为重点发展普惠托育服务体系》；二是媒体访谈，如《将贫困地区儿童早期发展干预纳入"十四五"规划》《优化生育政策，让更多家庭"生得起、养得好"》和《合理分担育儿成本是释放生育潜力关键》；三是报刊专稿，如《托育"国标"出台，幼有所育在路上》《应将儿童早期发展作为 2020 年后社会政策的优先领域》和《以系统配套措施推动三孩生育政策全面落地》；四是新撰文稿，如《关于优化托育产业营商环境的建议》《加强互联网育儿知识信息服务的建议》和《关于发展普惠托育服务体系的建议》。从内容上看，既有对相关托育政策的解读，也有对托育热点问题的讨论，还有对托育典型模式或业态的探讨。从形式上看，既有专栏式的深入分析，也有沙龙式的观点分享，还有座谈式的建言献策。不仅如此，为了保持"原汁原味"，收录的 37 篇文章完全按照撰写或媒体公开发表及采访的时间先后予以排序，内容、形式均未进行修改，部分文稿更是首次公开发表。

这里还要特别感谢我所在的国务院发展研究中心社会和文化发展研究部对本书的出版予以经费支持。

最后，本书呈现给各位读者的仍然是阶段性研究成果，相关判断、结论以及政策建议仅代表我个人观点，且有待进一步完善，敬请大家批评指正。

佘　宇

壬寅寒露于北京

目 录
CONTENTS

托育"国标"出台，幼有所育在路上

为加强托育机构专业化、规范化建设，按照《国务院办公厅关于促进 3 岁以下婴幼儿照护服务发展的指导意见》的要求，国家卫生健康委组织制定了《托育机构设置标准（试行）》和《托育机构管理规范（试行）》，自 2019 年 10 月 8 日起施行。文件发布的意义以及亮点在哪儿？对机构资质、教师资质、安全管理等方面提出了哪些要求？对托育机构来说，会造成哪些影响，是否面临挑战等？

一、国家层面出台相关标准与规范

3 岁以下婴幼儿照护服务（以下简称"婴幼儿照护服务"）是生命全周期服务管理的重要内容，事关婴幼儿健康成长，事关千家万户。党和国家高度重视婴幼儿照护服务的发展。党的十九大报告提出，要在幼有所育上不断取得新进展；2017 年 12 月召开的中央经济工作会议部署，要解决好婴幼儿照护和儿童早期教育服务问题。李克强总理在 2019 年的《政府工作报告》中强调指出，要针对实施全面二孩政策后的新情况，加快发展多种形式的婴幼儿照护服务，支持社会力量兴办托育服务机构，加强儿童安全保障。[①]针对日益凸显的婴幼儿照护服务能力不足的问题，各地政府以及包括民办幼儿园、大型企事业单位等在内的各种社会力量陆续开设多种

---

① 李克强：《政府工作报告》，中国政府网，2019年3月5日。

形式婴幼儿照护服务机构，通过加大服务供给满足社会旺盛的需求。在相关政策鼓励下，婴幼儿照护服务机构数量有望明显增加，但各种问题也随之而来。

从现状来看，由于缺乏全国统一的婴幼儿照护服务机构标准、规范，以及缺少对各个主体具体实践的指导，很多地方的婴幼儿照护服务机构实际游离于政府部门监管之外。婴幼儿成长快，个体差异大，基本没有自理能力，容易发生意外情况，对照护服务的要求极高；但是，不少机构为了追求自身利益最大化，往往忽略了服务对象（即婴幼儿）本身健康、安全、科学发展等方面的要求，照护服务质量堪忧。这不仅造成广大家长对机构缺乏信任，进而也可能会带来婴幼儿照护服务资源闲置和浪费（即实际入托率低）。虽然一些地方政府制定了地方性的试行标准，但因其主管部门职能和角色的差别而在具体执行过程中遇到诸多问题。例如，有的地方标准由于缺少与其他政策的协调统一，出现政策难落地的情况。另外，国内一些社会机构也陆续发布了各类婴幼儿照护指南或标准，因其所处立场的非中立性和研究方法的局限，这类指南或标准往往缺乏科学性、权威性和客观性。

有鉴于此，亟须国家层面出台相关标准与规范，为包括社会力量在内的各方主体更好加入婴幼儿照护服务机构的建设提供开放、良好的政策环境，也为主管部门日常监管和购买服务提供参考依据。因此，国家卫生健康委员会这两个文件的出台，从某种意义上说，既是对2019年4月印发的《国务院办公厅关于促进3岁以下婴幼儿照护服务发展的指导意见》所提出的"到2020年，婴幼儿照护服务的政策法规体系和标准规范体系初步建立"这一阶段性发展目标及相关工作任务的积极回应与有效落实，也是主管部门加强婴幼儿照护服务机构专业化、规范化建设及管理的重要抓手。

《托育机构设置标准（试行）》（以下简称《设置标准》）聚焦于建立专业化、规范化的托育机构，而《托育机构管理规范（试行）》（以下简称《管理规范》）着眼于加强托育机构管理，二者均适用于经有关部门登记、卫生健康部门备案，为3岁以下婴幼儿提供全日托、半日托、计时托、临时托等托育服务的机构。不仅如此，两个文件还都严格遵循了《国务院办公厅关于促进3岁以下婴幼儿照护服务发展的指导意见》对婴幼儿照护服务发展提出的除"家庭为主，托育补充"外的其他三大基本原则。其中，《设置标准》在总则中强调"坚持政策引导、普惠优先、安全健康、科学规范、属地管理、分类指导"；《管理规范》则将"安全健康，科学管理"进一步展开，在总则中强调"坚持儿童优先的原则，尊重婴幼儿成长特点和规律，最大限度地保护婴幼儿，确保婴幼儿的安全和健康"。可见，两个文件都是以婴幼儿照护服务的现实需求和问题为导向，通过推进服务的供给侧结构性改革，充分调动包括社会力量在内的各方积极性，提供多种形式的婴幼儿照护服务。

二、安全管理充分体现问题导向

两个文件涉及的具体内容很多，以下主要从机构资质、人员资质和安全管理三个方面，对相关条款要求进行解读和讨论。

首先，从机构资质要求来看，相较于之前的征求意见稿，正式印发的文件对托育机构的准入门槛再次"放宽"，特别是场地面积不再有硬性规定，既删除了"生活用房人均使用面积不低于 $3m^2$"和"户外活动场地人均面积不低于 $2m^2$"的表述，也不再对各类用房进行具体的区域（或功能区）细分。这种"放宽"是基本符合托育机构发展实际的。一方面，现有托育机构的构成复杂，主要包括幼儿园开设的婴班（或者亲子班）、医疗机构附属设立的儿童早期发展基地、人口计生部门推进的科学育儿基地，以及社会力量举办的早教机构（包括在民政部门登记的非企业法人和在工商部门登记的企业法人、个体工商户），各类机构的原有设置标准不一，且占主体的第四类机构长期以来既无准入也无监管，如果拘泥于人均面积的硬性规定，不仅大多数机构无法符合要求，也会对新机构的设立形成一定障碍；另一方面，托育机构最佳的布局点是在社区，新建居住区固然有条件可能实现按照人均面积的标准规划建设机构，但老城区和已建成居住区就很难能有这个条件，而对于那些试图在工作场所为职工提供福利性托育服务的用人单位来说就更难实现了。当然，机构资质的面积门槛"放宽"了，场地设施等方面的安全、卫生、环保要求却更细更严了。

其次，从人员资质要求来看，文件同样对托育机构从业人员学历标准有所降低，有些甚至不再进行明确规定，删除了"保育员应当具有初中以上学历"和"保健员应当具备高中或中专以上学历"，仅保留了对托育机构负责人"应当具有大专以上学历"的要求。这一"变化"同样是基于现实的考虑。由于整个托育服务市场长期以来发展不健全，相关专业教育培训明显滞后，加之职业的社会吸引不够，从业人员不仅数量不足，而且大多素质堪忧、流动性强、责任心不高，导致"虐童"等负面事件频频出现，进而在一定程度上形成了市场无序与人才短缺的恶性循环。虽然《国务院办公厅关于促进3岁以下婴幼儿照护服务发展的指导意见》在保障措施中提出要"加强队伍建设"，包括院校开设婴幼儿照护相关专业、将婴幼儿照护服务人员作为急需短缺人员纳入培训规划等，但是"远水解不了近渴"，无论是专业人才培养还是在岗人员培训，都有一个很现实的周期问题。而且，与幼儿园教师面临的问题类似，如果不从根本上解决托育机构从业人员的薪酬保障、职业发展，是无法真正建立一支品德高尚、富有爱心、敬业奉献、素质优良的婴幼儿照护服务队伍的。当然，人员资质的学历门槛虽然"降低"了，但在职业资格准入及岗前和定期培训等方面，却特别强调了"无虐待儿童记录，无犯罪记录"和"对虐童等行为实行零容忍"，以及增加了不断提高"心理健康水平"的具体要求。

最后，从安全管理要求来看，文件在这方面规定的最多也最细，充分体现了问题导向。长期以来，相关主管部门管理体制不顺、机构和从业人员资质缺乏监管、专业培养培训和课程缺乏、卫生保健等制度不健全，不仅非科学的商业性宣传导向泛滥、服务质量良莠不齐等问题普遍存在，而且婴幼儿人身、卫生、饮食等方面的风险隐患也不容忽视。例如，有的厨房设施简陋、功能区不分、生熟不分、食品运送距离过远，有的服务机构设置在商场，有的活动场所就在小区绿地，缺少必要的防护设施。有鉴于此，《管理规范》更是为此单列一章（即"安全管理"），从主体责任、接送制度、应急预案、监控体系等多个方面作出具体要求；在备案管理中除了要求提交评价为"合格"的《托幼机构卫生评价报告》、消防安全检查合格证明等材料外，对于提供餐饮服务的，还特别要求提交《食品经营许可证》；婴幼儿和工作人员的"健康管理"也可以认为是更加广义的"安全管理"，这方面也有非常具体的要求，其中，还特别强调了"发现婴幼儿遭受或疑似遭受家庭暴力的，应当依法及时向公安机关报案"，这意味着对于"虐童"等行为的防控从机构内部进一步拓展到机构以外（家庭）。此外，《设置标准》也将"安全"作为重要的内容：一是在"场地设施"中对建设用地及周边环境、房屋装修和玩教具配备以及室外活动场地等方面都有具体的要求，二是在"人员规模"中特别强调保安人员"应当取得公安机关颁发的保安员证，并由获得公安机关保安服务许可证的保安公司派驻"，还增加了保育人员应当受过"心理健康知识培训"的要求，毫无疑问，这些都属于"安全管理"的重要内容。

　　需要指出的是，作为国家层面的标准和规范，两个文件更多体现的是国标思维、底线思维以及全国普适性，正如附则中指出的，"各省、自治区、直辖市卫生健康行政部门可根据本标准（规范）制订具体实施办法"，实际上也给各地结合实际情况创新发展留下了足够的空间。在《国务院办公厅关于促进 3 岁以下婴幼儿照护服务发展的指导意见》以及《设置标准》和《管理规范》等文件指导下，婴幼儿的健康安全成长和全面发展将更有保障，婴幼儿照护服务体系将更加健全完善以及多元化、多样化。

执笔人：佘　宇（国务院发展研究中心）

（原文载于《教育家》2019 年 11 月刊第 3 期）

"幼有所托"的上海模式及其启示

3 岁以下婴幼儿照护服务事关婴幼儿健康成长,事关千家万户。上海市委、市政府高度重视 0~3 岁婴幼儿照护服务工作,坚持问题导向,着力破解民生领域中"幼无所托"难题,取得了阶段性成效。

一、上海模式的主要做法

(一)政策先行,部门联动,建立较为完善的政策体系和工作机制

一是政策支持,出台多项托育服务政策文件。2018 年 4 月,上海市在全国范围内率先印发 3 岁以下幼儿托育服务"1+2"文件(即《关于促进和加强本市 3 岁以下幼儿托育服务工作的指导意见》《上海市 3 岁以下幼儿托育机构管理暂行办法》《上海市 3 岁以下幼儿托育机构设置标准(试行)》),通过依法行政,用法规和可量化的指标,从事业发展、机构管理、设施设备、食品卫生、安全保障、人员配备等方面,对托育服务管理工作提出一系列系统的专业标准与要求;同年 7 月,又制定印发针对托育机构从业人员队伍建设的行动计划,即《上海市 3 岁以下幼儿托育机构从业人员与幼儿园师资队伍建设三年行动计划(2018—2020 年)》,加强源头供给,扩宽从业人员职前培训渠道。

二是齐抓共管，建立部门协调联动的工作机制。设立托育工作联席会议制度，由分管副市长为召集人，市教委牵头，会同市卫生健康、民政、市场监管等 16 个部门协同解决托幼工作中的重点难点问题，协作落实各项优惠支持政策、完成各类机构准入审核和业务指导工作，并形成了市、区、街镇三级联动的综合监管机制。

三是设置专职部门，并明确具体执行机构。市教委增设托幼工作处，统筹管理全市托幼工作。2018 年，在原市、区两级早教指导中心基础上加挂托育服务指导中心的牌子，共落实人员编制 286 名。托育服务指导中心依托"上海市 3 岁以下幼儿托育服务信息管理平台"，对营利性和非营利性托育机构、免费福利性托育点实施分类审核，提供"一网办"服务，负责托育机构的预约登记、申办咨询、审核，并实施日常监管指导工作。

（二）确保安全，优化质量，形成促进照护服务发展的标准规范体系

一是硬件设施建设规范化，明确场地与设施设备安全的规范和质量要求。分别从选址、装修、功能、供餐、消防以及班级规模等方面予以明确要求。同时，要求机构落实安全管理责任制，明确托育机构法定代表人和托育点举办者是安全工作的第一责任人，以保障托育服务质量。

二是日常服务监督规范化，初步建立了托育机构监管和公示制度。首先，依托信息化手段实时监管运营情况。托育机构出入口监控设备与公安部门连接，实现"一键报警"，食品加工场所监控设备与食品监督部门连接，活动场所监控设备与托育服务指导中心连接，方便实施及时监管和业务指导。其次，建立信息公开公示制度。托育机构统一张贴公示栏，对营业执照、经营许可、服务价格等信息进行公示，保障服务信

息透明化。

三是人员队伍建设规范化,加强托育服务从业人员职业道德建设。明确各类人员岗位职责及资质要求。其中,托育机构负责人必须有6年以上学前教育管理经验,育婴员和保育员均应具有四级以上国家职业资格证书。与此同时,加强从业人员职业道德建设。2019年,市级财政拨付700万元专项资金,依托开放大学等高等院校对全市4200名从业人员开展40课时的师德培训。

(三)家庭为主,深入社区,提升婴幼儿健康和科学育儿服务水平

一是健康促进,着力提升婴幼儿医疗保健服务水平。2016年,市卫生健康委员会同相关部门联合出台《上海市儿童健康服务能力建设专项规划(2016—2020)》。2018年,又印发《上海市儿童健康行动计划(2018—2020年)》,将"儿童保健1000天行动"作为十大行动之一。目前,全市3岁以下儿童系统保健管理率达到97.49%。

二是深入社区,大力推进家庭科学育儿指导工作。依托街道社区加强家庭科学育儿指导。每年为常住人口适龄幼儿家庭提供6次公益免费的科学育儿指导服务,服务覆盖率已达98.2%;每年组织18场市、区两级层面的科学育儿宣传活动。此外,还开发"育儿有道"App,对家庭提供线上科学育儿支持与指导。

(四)形成"托幼一体化"为主、多元模式并举的托育服务供给体系

截至2019年9月底,上海市共有取得合法资质的各级各类托育机构

610 家，入托率为 12.37%。其中，举办托班的幼儿园 416 所、托儿所 35 个、各区早教中心 11 个，共提供托额约 1.6 万个，比 2018 年同期增加约 3600 个；社会力量举办的托育机构 148 家，提供托额约 1.1 万个，申报成功的托育机构比 2018 年同期增加 129 家。

一是大力发展"托幼一体化"模式。上海市虽然已经构建了多元化托育服务供给格局，但总体以"托幼一体化"模式为主。究其原因，主要缘于其独特的历史背景和现实基础。首先，上海市始终坚持以公办园为主体、公共财政投入为主的学前教育公共服务体系建设。上海市领导在 2019 年 11 月 11 日主持召开的市政府常务会议中明确提出，要"持续加大财政投入，进一步完善学前教育公共服务体系""大力推进幼托一体化建设发展"。目前，公办为主的学前教育服务体系基本形成，部分发展指标已达国际先进水平，为托幼一体化奠定了坚实基础。与此同时，市级财政给予大力扶持，幼儿园举办的托班享有与幼儿园同等的生均补助。其中，公办园每生每年 3.1 万元，普惠性民办园每生每年 1200 元。其次，上海市人口十多年都处于负增长阶段，出生人口振幅对教育资源的影响非常大。早期人口高峰时曾达到 60 万人，2006 年最低的时候又降至 22 万人。为了避免暂时富余的学前教育资源被转为他用，上海市鼓励公办园向下延伸举办 2~3 岁托班，相对充足的公办学前教育资源为当前推广"托幼一体化"奠定了现实基础。

二是将社区普惠性托育点的建设纳入市政府的实事项目。从 2017 年起，市妇联牵头实施"新建社区幼儿托管点（托育点）"市政府实事项目，采取公建民营、民建公助形式，依托社区、就近就便为 2~3 岁儿童提供小规模、"喘息式"的普惠性托育服务，三年累计新增普惠性托育点 101 个，收费标准控制在每月 3000 元。

三是发布十条举措支持社会力量举办托育机构。主要包括：托育机构从业人员可接受定期的免费专业培训；托育机构用水、用电、用气实行居民价格；托育机构可按照规定，申请设立青年（大学生）职业训练营或就业见习基地，培养专业服务队伍，并按照规定，获得政策扶持；将保育员、育婴员等相关技能培训项目列入本市职业技能培训补贴目录；托育服务从业人员参加保育员、育婴员等项目培训并鉴定合格的，可按照紧缺培训补贴项目规定标准，给予培训费补贴；符合条件的托育机构提供托育服务，予以免征增值税；符合条件的托育机构可向财税部门申请办理非营利性组织免税资格认定，经认定后可按照规定，享受非营利性组织有关收入免征企业所得税政策；企业设立的员工子女托育点所发生的费用，可按照税法规定，作为职工福利费支出在税前扣除；购买综合保险、开展食品安全等工作取得成效的托育机构，可给予综合奖补；鼓励中心城区范围内的商务楼宇综合设置公益性托育机构，已出让商办用地新增公益性托育机构的，可享受城市更新政策。①

综上所述，近年来，为了推动"全面二孩"政策贯彻落实，解决群众"痛点"，切实做好婴幼儿照护服务这项"缔造未来的工作"，上海市先试先行，围绕谁来"育"、怎样"育"等问题，积极推进供给侧结构性改革，加大政策支持力度，构建了以"托幼一体化"为主体、多方共同参与的婴幼儿照护服务供给格局，也初步建立了较为完善的政策法规体系和标准规范体系，成效明显。

① 上海市人民政府印发《关于促进和加强本市3岁以下幼儿托育服务工作的指导意见》的通知，2018年4月27日。

二、面临的主要问题

（一）对家庭婴幼儿照护的支持政策有待落实

2019 年 4 月印发的《国务院办公厅关于促进 3 岁以下婴幼儿照护服务发展的指导意见》明确指出，发展婴幼儿照护服务的重点是为家庭提供科学养育指导，并对确有照护困难的家庭或婴幼儿提供必要的服务。当前，上海市在托育服务方面做了很多扎实深入的工作，但如何为在家照护婴幼儿的家庭提供必要的支持仍面临较大挑战。例如，产假政策的全面落实、鼓励用人单位采取灵活安排工作时间、支持脱产照护婴幼儿的父母重返工作岗位并为其提供信息服务、就业指导和职业技能培训等方面还需要进一步的推进和落实。

（二）托育服务供给仍然不足，且覆盖人群有限

上海市正规、普惠的托育服务供给仍然不足，覆盖人群有限，2 岁以下照护服务尤为短缺。多数机构仅招收 2 岁以上婴幼儿，个别机构招收 18 个月以上的婴幼儿，几乎没有机构招收 18 个月以下的婴幼儿。公办幼儿园托班价格低但招收群体主要是户籍人口和居住产权住户，民办托育机构价格较高（月均 6000 元），流动人口和进城务工人员随迁婴幼儿入托无门。因此，滋生很多没有正规资质的"野战军"（月均 3000~4000 元），数量基本与正规机构持平。

（三）社区托育点建设困难，且存在安全隐患

上海市机构准入门槛高于国家标准，从调研情况看，符合不低于 360

平方米建筑面积和楼层要求的场地少且租金高，不仅寻址困难，客观上也增加了运营成本。而且，许多社区托育点临街，活动空间狭小，防护设施不足，缺少户外场地，存在一定的安全隐患。

（四）公平可持续的扶持机制尚未建立，社会办托积极性低

一是财政支持缺乏公平性。按照市委要求，在3岁以下托育服务的建设中将着力体现上海特色，大力推进幼托一体化发展。在此背景下，财政投入具有较为明显的"唯公"倾向。公办园托班获得的财政支持远高于普惠性民办园托班；社区普惠性托育点只投入前期建设经费，缺乏后续持续性支持，面临收支难以平衡的现实困境。二是公办园托班的低价（270元／月）客观上挤压了托育市场，社会力量办托活力不足。三是十条优惠政策没有完全落实。仅有20%的机构享受到了民用水电气等优惠政策，商用性质加大了运营成本。四是对企事业单位和产业园区举办的福利性托育机构财政支持不足，由于运营成本高、负担重，举办此类机构的积极性低，目前全市仅有3家。

（五）托育机构人员资质、服务内容和水平有待规范

目前，上海市还面临托育人才认证缺失、师资质量难以保障等问题。部分托育机构以聘请外教、实施双语教育、引进国外课程为噱头，实施高收费，普通家庭难以承受。这既不利于托育民族品牌的建立，更因外教人员资质缺乏审核，也存在文化安全隐患。

三、相关思考与建议

虽然"幼有所托"的上海模式在发展形成过程中有地方的特殊性，但仍有一些值得全国借鉴的方面。相关思考与建议如下。

（一）各地应提高对婴幼儿照护服务工作重要性的认识，限期落实《国务院办公厅关于促进3岁以下婴幼儿照护服务发展的指导意见》要求并制定符合地方实际的实施细则

婴幼儿照护服务工作及相关配套措施的顺利实施，离不开地方领导的大力支持，需要各级党委和政府及其主要负责人认识到位，对这项工作"真重视"。首先，建议把《国务院办公厅关于促进3岁以下婴幼儿照护服务发展的指导意见》落实情况纳入地方党政领导干部民生工作督导考核体系，并以此作为干部考核的约束性指标。其次，督促各地尽快制定实施细则，限期报备国家卫生健康委。对于在《国务院办公厅关于促进3岁以下婴幼儿照护服务发展的指导意见》印发之前已经出台的地方文件，也需要对标予以修改完善。最后，确保实施细则因地制宜，不要片面追求高标准和高门槛，要在地方政府领导下，从实际出发，综合考虑城乡、区域发展特点，根据经济社会发展水平、工作基础和群众需求，有针对性地开展婴幼儿照护服务。

（二）健全体制机制，形成较为完善的政策法规体系

首先，尽快建立由卫生健康委员会牵头、多部门联动的婴幼儿照护服务联席会议制度。各地及有关部门要强化工作责任落实，健全党委领导、

政府主导、部门负责、社会参与的婴幼儿照护服务工作机制。其次，建立健全备案登记、信息公示、质量评估等制度。最后，加强和落实财政保障和支持，形成稳定的财政投入制度安排。具体来看：一是"预算有科目"，将婴幼儿照护服务经费列入各级政府的财政预算；二是"投入有倾斜"，财政投入要向困难地区、弱势群体倾斜；三是"拨款有标准"，制定托育机构生均经费标准和生均财政拨款标准；四是"分担有比例"，建立健全家庭主责、政府兜底、社会补充的合理成本分担制度。

（三）加快专业化、标准化建设，建立健全服务的标准规范体系

一是尽快组织修订《三岁前小儿教养大纲（草案）》。三岁前是小儿体格和神经心理生长发育的重要时期，为保障婴幼儿照护的专业化和科学性，建议尽快组织修订 1981 年由原卫生部颁发的这一大纲，为托育机构课程实施和家庭科学育儿搭建涵盖健康营养、科学照护、安全保障、早期发展的综合性指导框架。二是强化托育机构准入管理，各地要依据国家基本标准建立完善地方托育机构设置标准，加强对从业人员资质与配备标准、办托条件等方面的审核。三是加快研制托育机构分级分类质量评估标准。鼓励各省（自治区、直辖市）制定地方托育机构质量评估标准，逐步建立分级分类评估体系，将各类托育机构纳入质量评估范畴，定期向社会公布评估结果。四是尽快研制托育机构从业人员培训课程指导标准，实行托育机构负责人、教师定期培训和全员轮训制度，切实提高托育服务职业道德、专业素养和科学保教能力。

（四）完善服务供给体系的建设，满足家庭多样化的照护需求

一是坚持家庭为主，积极回应家庭婴幼儿照护的迫切需求，做好家庭婴幼儿早期发展指导；全面落实产假政策，并根据各地情况和家庭生育子

女数量情况适当延长产假或设置男方陪产假；加强对职业女性生育行为的保护，支持职业中断女性重返家庭；积极探索育儿补贴配套政策，以切实提高家庭的婴幼儿照护能力。二是以社区为依托，按照"提升增量、挖潜存量、创新形式"的总体思路，自办、合作办、委托办等多元模式并举，"建、收、扩、租"四措并行，新建、改扩建、以租代建、回收闲置空间、盘活因各种原因停办的资源及未充分利用的社区空间，提供与常住人口规模相适应的婴幼儿照护服务及配套安全设施。城镇托育机构建设要充分考虑进城务工人员随迁婴幼儿的需求。三是确保提供场地、政府补贴、减免租金、水电气优惠等政策措施落实到位，充分调动社会力量举办托育服务积极性。同时，进一步加大对无证托育机构的规范和引导。

执笔人：佘　宇（国务院发展研究中心）

洪秀敏（北京师范大学）

朱文婷（北京师范大学）

史　毅（中国人口与发展研究中心）

（本文成稿于 2019 年 11 月 29 日）

巴西"快乐儿童"项目及其启示

从女性怀孕到孩子出生后的两年，被认为是儿童生命中的第一个1000天，是脑和神经系统发育最快速的时期，这个时期的脑和神经系统可塑性最强，是干预的敏感期与窗口期。在这个时期进行恰当的干预将会影响人的一生，也是投资回报率最高的时期。巴西"快乐儿童"项目（Programa Crianca Feliz）正是聚焦这个时期，由公民和社会行动部牵头，医疗卫生、社会援助、教育、司法和文化等多部门合作，通过促进0~3岁儿童早期发展，达到提高一代人及人类发展水平的目标，并获得2019年度WISE世界教育创新项目奖。

一、项目概况

（一）项目对象与方法

孕妇、0~3岁儿童、儿童看护人和家庭是项目对象。进入项目的服务对象来自巴西家庭福利专案中的低收入家庭。家访是项目开展的主要方法，由经过培训的专业人员（家访员）每周进行家庭随访。在快乐儿童项目中，每月一次对孕妇进行家访，每周一次对0~3岁孩子进行家访，每两周一次对3~6岁孩子进行家访。在家访活动中，为儿童提供促进其认知、情感和社会心理发展的关键训练。需要指出的是，这些项目对象并非一般的低收入家庭，多数属于青少年产妇、早产儿、出生缺陷儿童等高危群体，其中，前者占大多数。尽管巴西也有关于婚姻年龄的法律要求，但在一些地区执行情况并不好，早婚早育情况非常多。因此，项目也是政府对上述社会问题的一种补救性措施。

（二）覆盖地区与人群

巴西 0~3 岁的儿童大约 1000 万名，分布在全国的 5570 个市（县），项目计划纳入 300 万左右的儿童。目前已有 2777 个市（县）的 670448 名儿童和 135488 名孕妇进入项目。共有 22502 名经过专业培训的合格人员通过家访为他们提供服务，平均每名家访人员负责 30 个左右儿童。符合要求的 3 岁以下儿童少于 140 人的市（县）是无法进入项目的。

（三）政府经费支持

项目经费主要来源于联邦政府，每年大概 1 亿美元①。联邦政府根据每个市（县）服务的儿童数量直接下拨经费，每个儿童每个月为 75 雷亚尔（BRL）（按 1.76 的汇率计算，约合人民币 132 元），用于聘请专业人员开展家访活动。每个儿童每年的经费支出为 900 雷亚尔（约合人民币 1584 元）。需要指出的是，市（县）政府必须与联邦政府签订协议，按照项目要求开展服务，否则无法获得联邦政府的经费投入。

（四）立法保障

第 13257 号儿童法律框架于 2016 年获得批准。该框架规定，在政府政策、计划、方案和服务干预中，确实将婴幼儿作为优先事项并创新性通过对 0~6 岁儿童的整体和综合服务来指导公共政策的标准化。在此基础

---

① 巴西2018年的GDP为1.87万亿美元，"快乐儿童"项目的经费支出相当于GDP的万分之零点五。巴西2014年3月启动的大规模反贪调查（即"洗车行动"），很多追缴的经费被投入"快乐儿童"项目。

上，"快乐儿童"项目于当年10月开始在巴西全国范围内实施。

二、项目的主要特点

一是国家高度重视，多部门合作。巴西政府在财政非常紧张的情况下，仍然优先考虑该项目的经费，并通过各个部门的协助，从上而下全力支持项目的开展。

二是覆盖人群范围较广。项目在全国推广，计划覆盖1/3（大约300万）0~3岁儿童。

三是专门管理和服务队伍。项目的管理人员来自政府公务员。为儿童提供家访服务的人员是进行系统培训考察合格后的专门队伍，分为项目督导员和家访员两个类别。

四是提供针对性家访服务。家访员根据儿童的"认知、情感和社会心理"发展情况进行每周一次（也有两周一次）、每次45分钟的训练，同时也要求看护人学会如何进行日常训练，并做好督查和督导。每个儿童都有一个整体的规划，家访员会根据儿童的变化及时调整每次家访的内容。整个项目协调其他的志愿者制作玩具，并鼓励家庭效仿。在家访员的协助下，每个家庭充分利用环境与家庭资源自制训练工具、玩具、教材等，既节省资源，又能让儿童认识环境。

五是尊重家庭和保护儿童。家访员上门可以直观了解家庭的具体环境，识别其可能存在的风险因素，有针对性地帮助和指导。综合性服务的提供，与家庭不利情况的多样性和深度密切相关。在提供相关服务的同时，家访员也充分尊重、平等对待接受服务的家庭，并注意保护儿童的各种权益。

三、存在的不足及可能面临的挑战

（一）资金的可持续性堪忧

项目目前纳入的儿童大约 67 万名，如果每年持续扩大直至增加到 300 万名的计划目标，将需要大量的资金支持。作为项目主要经费来源的"洗车行动"追缴款，并非持续性资金，政府接下来的财政投入压力将会很大。

（二）人员的稳定性不确定

除了项目管理人员外，现有的家访员基本都是"临时工"，有不少从大一学生开始做起，且每个工作者需要单程驱车将近 50 千米去相应的服务点提供服务。在没有明确职业上升空间与缺乏相应资金保障的情况下，这部分人员很容易流失，服务队伍的稳定性将受到影响。

（三）信息化管理没有到位

现有纳入儿童的信息，基本上是纸质化管理，尚未建立统一的信息平台。对于涉及几十万甚至上百万名儿童（及孕妇）的海量数据，统一的信息系统是最有效、最好的管理，也是进行随访的基础。

（四）干预方式未经充分询证研究

儿童早期发展的干预方法和途径很多，巴西却选择在全国范围推广家访这一方法。在整个家访的过程中，并没有发现绘本图书的存在。由于没有在"家访组"之外设置其他干预方法或没有干预的"对照组"，因此，现有的家访式干预在干预内容、实际效果、经济效益、可持续性等方面事实上均未进行充分论证。

四、相关思考与建议

（一）高度重视儿童早期发展对国家发展的重要性

良好的儿童早期发展可以全面提高一代人的身体素质、心理素质以及对未来的能力储备。一个儿童的良好发展，影响了一个家庭的未来；一代儿童的发展，决定了一个国家的未来。

不同的调查结果显示，我国贫困地区儿童早期发展滞后，高达1/3的儿童可能发育迟缓，问题较为严重。如果不进行针对性干预，对其以后的发展影响很大。可见，对于贫困地区儿童来说，早期干预不仅重要，也很必要。

（二）建议尽快把贫困地区儿童早期干预纳入国家计划

第一，技术层面简单易行。儿童早期发展在学术上已经有了广泛的共识与定论，这些科学的发现已经广泛地被不同国家和地区的实践所证实，变成了可操作的实用技术。

第二，经济层面可以承受。我国目前贫困地区3岁以下儿童约为860万人，按照巴西大范围推广的经验，以每个儿童每年1584元进行估算，大约需要136.2亿元，仅相当于2018年GDP的万分之一点五。如果考虑城市中的流动儿童和中低收入家庭儿童，整个费用也可控。

第三，已有工作基础扎实。我国已出台母婴保健法、儿童保护法等法律，也有成熟的儿童发展纲要、健全的妇女保健体系和儿童保健体系。在此基础上，已经取得了举世瞩目的成绩（例如，婴儿死亡率基本上达到发达国家的水平）。人员队伍方面，无论是已有的相关专业人员，还是现有劳动力的教育水平，都可以经过专业化的培训形成一支专业的儿童早期发展队伍。而且，人力资源和社会保障部已经在国家职业大典中设立了"婴幼儿发展引导员"的国家职业。

从实践层面看，包括中国发展研究基金会"慧育中国"、陕西师范大学教育实验经济研究所和国家卫生健康委干部培训中心"养育未来"、中国—联合国儿童基金会贫困地区儿童早期综合发展试点等在内的多个项目已在我国部分地区积累了宝贵的经验。按照发展规律，对儿童提供科学的、个性化的干预服务，不过是在已有工作基础上延伸出的"最后一公里"，且一些项目在管理体制、信息化管理、人员培训等方面积累了重要经验。

第四，可推广的条件成熟。我国的精准扶贫工作已经走进千家万户，成效显著，赢得了国际社会的广泛赞誉。儿童早期发展的路径也有很多共同之处，为推广奠定了良好的基础。而且，儿童早期发展本身就是打破贫困代际传递的最有效方法。在2020年实现脱贫摘帽后，后续可以通过促进儿童早期发展，为解决相对贫困问题作出贡献，提升国家的可持续发展能力。

执笔人：佘　宇（国务院发展研究中心）

王晓莉（北京大学）

蔡建华（国家卫生健康委干部培训中心）

（本文成稿于 2019 年 12 月 24 日）

"托幼一体化"模式的上海探索与思考

儿童的教育过程是一个有机整体，婴幼儿教育与学前教育是连续、衔接的，对 0~6 岁的儿童实施一体化的保育和教育也越来越受到国际社会的关注与重视。多数经合组织国家也都在积极推行"托幼一体化"模式。近年来，为破解民生领域中"幼无所托"难题，上海市先试先行，探索构建以"托幼一体化"为主的托育服务供给模式，并取得了初步成效。截至 2019 年 9 月底，全市共有取得合法资质的各级各类托育机构 610 家，提供托额约 2.7 万个。其中，"托幼一体化"机构 462 家，占比为 75.7%，提供托额约 1.6 万个，占比为 59.3%，在全市托育服务供给中发挥了重要作用。但这一模式能否以及如何在更大范围内推广，仍有很多问题需要研究。

一、"托幼一体化"模式形成的背景与条件

上海市"托幼一体化"模式的形成有其特殊的历史背景与现实基础，主要依赖于学位资源充足、公办体系完备、市级财政支持三个方面的强力保障。

（一）资源充足：人口波动下推动闲置幼儿园学位转化为托位

上海市出生人口振幅对学前教育资源的影响非常大。20 世纪 80 年代中后期在园幼儿数达到峰值，此后即开始出现较为快速的减少趋势，直至

21 世纪初才逐渐扭转。面临波动的人口形势，为了避免暂时富余的学前教育资源被转为他用，上海市鼓励公办园向下延伸举办 2~3 岁托班，确保学前教育资源没有因生育水平走低而减少，这也为目前能够迅速推广"托幼一体化"模式提供托育服务创造了宝贵条件。鉴于上海市户籍人口十多年处于负增长状态，常住人口虽保持增长，但近年来增速也在放缓，因此，未来的幼儿园学位矛盾可能得到缓解，甚至产生空额，"托幼一体化"发展趋势也会进一步加快（见图 1）。

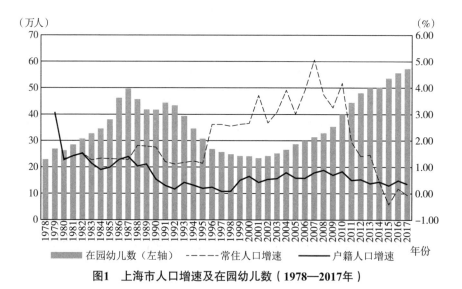

图1　上海市人口增速及在园幼儿数（1978—2017年）

资料来源：上海历年统计年鉴。

（二）体系完备：公办为主的学前教育服务体系基本形成

长期以来，上海市一直重视完善学前教育公共服务体系。目前，公办为主的学前教育服务体系在上海市基本形成，部分发展指标甚至已达国际先进水平，这也为"托幼一体化"奠定了坚实基础。在此背景下，上海市通过鼓励有条件的区在新建幼儿园时落实托班的建设要求，改建、扩建幼儿园以增加托班的资源供给，鼓励民办幼儿园开设托班，以及支持公益性托儿所扩大服务的规模等措施，积极推进"托幼一体化"发展。

（三）财政保障：市级财政给予大力扶持，并落实人员编制

首先，幼儿园举办的托班享有与幼儿园同等的生均补助。其中，公办幼儿园每生每年 3.1 万元，普惠性民办园每生每年 1200 元。其次，设置专门管理部门，并明确具体执行机构。市教委增设托幼工作处，统筹管理全市托幼工作。2018 年，在原市、区两级早教指导中心基础上加挂托育服务指导中心的牌子，共落实人员编制 286 名。

二、面临的问题与挑战

上海市在推进"托幼一体化"方面做了很多扎实深入的工作，通过幼儿园向下延伸托班，既有利于实现 2~6 岁托幼服务资源、场地共享、师资人员融通，也能够一次性解决入托入园问题，满足家庭对孩子升学便捷性和连续性的需求。但需要指出的是，目前的"托幼一体化"模式仍面临服务供给不足、缺乏公平的财政扶持，以及人员、环境、内容的适宜性等不少挑战。

（一）托育服务供给不足，覆盖人群有限

首先，2 岁以下托育服务短缺。幼儿园托班仅招收 2 岁以上婴幼儿，面向 2 岁以下婴幼儿的托育服务有待延伸。其次，进城务工人员随迁婴幼儿入托难。公办幼儿园托班价格低，每月 270 元，但招收群体主要是户籍人口和居住产权住户；民办托育机构价格较高，月均 6000 元，进城务工人员随迁婴幼儿往往入托无门。因此，滋生很多没有正规资质的"野战军"，月均收费 3000~4000 元，数量基本与正规机构持平。

（二）公平的扶持机制尚未建立，社会办托压力较大

上海市始终坚持以公办园为主体、公共财政投入为主的学前教育公共服务体系建设。在此背景下，财政投入具有较为明显的"唯公"倾向。如前所述，公办园托班获得的财政支持远高于普惠性民办园托班。与此同时，公办园托班的低价也会在客观上挤压托育市场，社会力量办托压力较大。

（三）"托幼一体化"如何兼顾保教的衔接性与独特性

儿童年龄越小，身心发展差异越大，对于师资、环境和课程的要求也较为不同。因此，在"托幼一体化"背景下如何既能体现0~3岁和3~6岁保育和教育的衔接性与连贯性，又能遵循0~3岁婴幼儿发展的特殊性，仍然是值得探索和解决的问题。

三、相关思考与建议

毫无疑问，"托幼一体化"只是提供托育服务的诸多模式之一。上海市"托幼一体化"模式能够得以迅速推广并发挥积极作用，离不开其特殊的历史背景和现实基础。即便如此，这一模式也面临一些问题和挑战。托育服务模式的选择，必须因地制宜，切忌盲目效仿。相关建议如下。

（一）扩资源，推普惠

在科学评估地区学前教育资源存量的前提下，充分发挥多方优势，构建多元、普惠的托育服务供给体系。在学前资源充足的地区，鼓励有条件

的幼儿园开设托班；在学前教育资源紧张的地区，开展"托幼一体化"可能进一步加剧"入园难"问题，应充分调动社会力量举办普惠性托育服务的积极性。与此同时，要加大对2岁以下托育服务资源的扩充，城镇托育机构建设也要充分考虑进城务工人员随迁婴幼儿的需求，应避免在新增托育服务资源过程中继续形成入学（托）机会不平等的局面。

（二）增扶持，重公平

一是加强和落实财政保障和支持。确保提供场地、政府补贴、减免租金、水电气优惠等政策措施落实到位。二是形成公平、稳定的财政投入制度安排。只要是为老百姓提供安心放心、普惠性的托育服务，无论公办还是民办，都应给予同等扶持。三是"托幼一体化"严重依赖财政支持，在经济欠发达的地区进行推广前应充分对其财政能力和补贴的可持续性进行评估。

（三）强监管，提质量

一是强化幼儿园办托班和新增托育机构的准入管理。各地要依据国家基本标准建立完善地方托育机构设置标准，加强对从业人员资质与配备标准、办托条件等方面的审核。二是加大对无证托育机构的规范和引导。充分利用市场上现有的托育服务资源，通过激活存量、提高质量的方式帮助一批有条件的无证机构合法化和合规化。

执笔人：佘　宇（国务院发展研究中心）

洪秀敏（北京师范大学）

朱文婷（北京师范大学）

史　毅（中国人口与发展研究中心）

（原文载于《中国经济时报》2019年12月25日）

关于优化托育产业营商环境的建议

托育产业包括但不限于婴幼儿发展时期的衣食住行、卫生保健、科学育儿及配套的金融保险、教育培训、教玩具及庞大的现代科学育儿的外延配套的所有产业链条。以托育服务为抓手，带动产业配套及消费，首先应从国家层面明确托育服务的发展规划，构建服务体系，制定行业发展政策及产业发展计划等，在统一规范、目标、要求和计划的前提下，重点解决相关部门政策目标不协调、产业发展政策基调不清晰、中央及地方各级政府政策执行不一致等问题。

与此同时，要清晰婴幼儿发展的保障政策，明确托育服务的公益性、普惠性定位，出台相关产业优惠政策，加大扶持力度。例如，托育服务企业（机构）不同发展阶段的扶持政策，人才培育政策（从业人员培训、职业及职称认定、人才流动等），托育服务机构及相关产业的奖励性税收优惠政策，等等。

国家卫生健康委员会、国家发展和改革委员会、人力资源和社会保障部、财政部协同，依据婴幼儿家庭收入情况，分等级提供相应金额的育儿补贴费用。参考美国等发达国家相关政策，国家提供婴幼儿营养补贴，地方政府以婴幼儿户籍所在地对家庭综合收入低于相应水平的家庭提供育儿津贴、育儿券等助养券。

鼓励地方政府提供公益性、普惠性、示范性的托育中心服务。开展线上、线下的婴幼儿成长指南、科学育儿方面的指导和服务；设立社区化亲子指导站；参照药店设立的规定，依据婴幼儿数量及分布情况，设立一定数量的托育中心，保障服务的覆盖性、便捷性；利用其他相关协会对所有涉及婴幼儿服务的机构进行定期指导及年度指导。

此外，鼓励幼儿园办托班是应该的，但要解决好几个问题：一是不能占用3~6岁学额；二是不能高收费，只能与小、中、大班同价或略高；三是不可与小班入园名额挂钩，办托班的幼儿园招生工作应向社会公开，接受监督；四是鼓励幼儿园托幼一体化，同时也鼓励托育机构一体化，以解决入园难问题。

对新建独立设置的托儿所应严格执行标准，对嵌入式的可适当放宽建设标准，如允许利用三楼，但要配建逃生设施；托育机构提供全日制服务的应自建厨房，厨房建设标准可适当降低，与实际用餐规模相适应。

为培育市场，鼓励入托，可适当给地方政府下达入托率指标，采取简易的政府购买服务方式，将提供普惠性服务的托育机构纳入采购范围，家长凭发票通过公共平台直接申请部分报销。

当然，培育市场比补贴托位更能促进行业发展。只有市场培育起来，机构才能实现长线发展，可持续性更强；而补贴托位往往只是一次性的，存在机构拿到补贴就倒闭的风险，以及为补贴而建托位的问题。政府部门只有真正着眼于产业发展，才可能改善托育服务营商环境，其他的都是执行层面的问题。

需要指出的是，疫情之下，0~3岁托育机构生存面临的主要问题还包括：一是迟迟不能复工，园内无收入，但人员工资及房租则继续需要支付，入不敷出，面临资金链断裂；二是春节前的开年预收2~8

月的托育费用，但因一直无法开园提供服务，园内面临退款及开园后幼儿入园减少等问题。希望国家相关部门考虑出台一些救助政策。据了解，目前的救助政策没有专门针对托育机构的，只有针对小微企业的政策。

执笔人：佘　宇（国务院发展研究中心）

（本文成稿于 2020 年 2 月 27 日）

托育服务建设须快马加鞭

2020 年的《政府工作报告》提出，发展养老、托幼服务。有两会代表委员指出，在人口出生率降低、老龄化加剧的大背景下，每个孩子都应得到精心养育，做好托育服务是各级政府完善公共服务的重要内容，有助于增强年轻人的生育意愿。

当前，我国托育服务仍面临诸多问题与挑战。微观层面看，家庭养育最优但缺乏制度保障，家政服务是有益补充但不规范，托育需求旺盛但有效供给不足。宏观层面看，托育服务涉及业务领域众多，协同不力、市场无序、队伍缺失等问题较为突出。下一步，应在贯彻落实《国务院办公厅关于促进 3 岁以下婴幼儿照护服务发展的指导意见》及相关政策文件基础上，加快完善托育服务体系，着力解决家庭后顾之忧。

笔者建议，应搭建涵盖健康营养、科学照护、安全保障、早期学习的综合性服务框架。现阶段应以 0~3 岁儿童及其家庭的合理需求为出发点，为儿童、家长、主要养育人提供适应其合理需求的服务，主要包括营养健康、科学养育、安全保障、早期教育等方面的内容。同时，应明确家庭、政府、市场和社会力量的服务供给重点。家庭是第一责任主体，应主动学习相关知识和技能，履行好养育职责。政府一方面要为最广大的家庭提高养育能力、开展早期教育提供宏观指导，营造社会环境，建设示范项目；另一方面，要为特定儿童及家庭提供兜底保障和服务。市场力量按照市场规则，提供市场化的托育相关服务。产假、育儿假以及弹性工作安排都是有利于父母更好平衡工作和育儿关系的重要途径，下一步需在这方面积极探索并完善相关政策。

建立健全家庭主责、政府兜底、社会补充的经费投入与分担机制很有必要。家庭作为儿童养育的第一责任主体，承担大部分托育服务费用。当家庭遭遇困难时，政府履行保基本的兜底责任，社会提供补位性质的帮助和支持。政府保基本、兜底线，主要是负担政策保障对象的相关投入、政府投资项目的建设及运营费用、公益性普惠性服务的补助和补贴等。政府支出也可以发挥引导和带动社会投入的作用。应发挥卫生健康、教育、民政等部门的优势，发挥社会组织、社工机构、专业智库的作用，充分利用各部门现有的服务平台和基层阵地，加强合作、优化与提升。服务内容既要重视婴幼儿情绪和社会性、语言、认知等方面的指导，也要重视提供婴幼儿生长发育、营养、疾病预防等方面的指导。应特别重视对家长科学育儿的指导，教授家长具体、可操作的知识和方法，提高家长的育儿信心和能力。

在笔者看来，有必要加快公益性托育机构建设，重视困境儿童早期发展服务。在社区层面发展一定数量的公共托幼机构和儿童课外看护服务机构，以满足不同情况家庭的现实需求。可以鼓励有条件的用人单位提供更多的育儿便利条件。同时，要将困境儿童（特别是重病重残儿童）、经济困难的留守儿童和流动儿童家庭优先纳入公益性的托育服务范围，并由政府进行兜底保障。在加强对留守儿童关爱保护的同时，未来应通过政策调整和服务支持，尽可能实现更多的留守儿童和进城务工的父母待在一起，避免家庭责任缺失。

此外，还应加快制定托育服务领域的行政法规，逐步推动更高层级立法程序，明确行业主管部门和监管权限，制定准入标准和行业规范，优化收费和定价管理，建立行业运行监测评估体系和风险防范化解机制。依托妇幼保健、公共卫生、学前教育、儿童保护、社区工作、妇联等领域的力量特别是基层一线人员，鼓励企业和社会组织参与，建设专业化、职业化的托育服务人员队伍。

执笔人：佘　宇（国务院发展研究中心）

（原文载于《中国教育报》2020 年 5 月 26 日）

应将儿童早期发展作为 2020 年后社会政策的优先领域

2019 年，我国人均 GDP 突破 1 万美元。2020 年，我国消除了绝对贫困现象，并继续向着高收入国家迈进。在这一时间节点，准确把握儿童早期发展在未来经济社会发展中的历史方位，意义非常重大。

一、回眸昨天：审视儿童早期发展面临的问题与挑战

新中国成立初期，党和国家高度重视儿童早期发展服务和事业，通过单位（城市）和集体（农村）提供各类托幼服务，主要是为了解除女性的后顾之忧，以动员其更好投入社会主义建设。这一阶段的儿童早期发展服务作为一项单位福利制度，贯彻的是"为国家建设服务"的方针。

改革开放以后，随着经济社会快速发展和工业化、城镇化水平显著提高，家庭结构小型化、女性普遍进入劳动力市场的同时，家庭功能也在不断弱化。加之单位制解体后，对生育和家庭照料的支持大幅减少，原有的城市托幼服务体系基本瓦解，儿童的临时看护或长期照顾成为许多双职工家庭面临的现实问题，在工作与育儿之间寻求平衡越来越难。出于多种原因，留守儿童、进城务工人员随迁子女等处境困难群体（或弱势儿童），事实上无法从家庭、社会与市场获得充分的照顾与养育。

总体来说，我国儿童早期发展及相关服务主要面临以下约束：一是资

源的不足，既包括人力资源，也包括财务资源和管理资源；二是对儿童早期发展的认识和知识都很缺乏；三是城乡二元经济和快速城镇化对儿童发展的影响；四是贫困人群集中在边远农村，基本育儿服务没有普及；五是城镇化带来大量流动人口，育儿服务跟不上人口增量需求；六是城镇化进程中，城市的形态、服务提供等都无法满足育儿质量提高的需求。

二、把握今天：推动"幼有所育"不断取得新进展

2011年起，我国连续实施三期"学前教育三年行动计划"，各级政府持续加大财政投入，实施重大工程项目，扩大资源总量，主要支持中西部农村地区、贫困地区学前教育发展。学前教育在短短几年里实现了跨越式发展。但是，对于中西部农村地区、城市人口居住密集区等特定区域，对于留守儿童、进城务工人员随迁子女以及低收入家庭子女等弱势群体，对于"低价优质"的公办园等稀缺资源，学前教育结构性供给不足的矛盾仍然较为突出。

与此同时，作为劳动和生育主体的"80后""90后"独生子女群体，面临工作创业、抚幼养老等多重压力。"全面二孩"政策实施以来，人民群众普遍反映生养子女压力大，特别是幼有所育相关服务方面，供给远远难以满足旺盛的需求。2017年是"全面二孩"政策实施的第二年，但相关数据显示出生人口并未达到政策预期。这里面既有育龄妇女减少的客观原因，也反映出社会矛盾端口前移，人民群众"生不起、养不起"问题突出，其中，关于0~3岁婴幼儿照料问题的反映尤为普遍。

有鉴于此，2018年11月，中共中央、国务院印发《中共中央 国务院

关于学前教育深化改革规范发展的若干意见》，系统谋划、全面部署，明确到 2020 年全国学前三年毛入园率达到 85% 的普及目标、普惠性资源覆盖率达到 80% 的普惠目标和全国公办园在园幼儿占比原则上达到 50% 的结构性目标。2019 年 4 月，国务院办公厅印发《国务院办公厅关于促进 3 岁以下婴幼儿照护服务发展的指导意见》，明确家庭、社会（社区）、市场和政府的服务供给重点，强调"家庭尽主责、社区能依托、市场有所为、政府起作用"的总体思路，提出婴幼儿照护服务的政策法规体系、标准规范体系和服务供给体系的发展目标。这些政策文件的出台，既顺应了当前发展阶段的急切需求，也符合国际上普遍重视儿童早期发展、坚持儿童优先的趋势，标志着我国在"幼有所育"方面取得了重要的阶段性成就。

三、憧憬明天：全面提升国家未来可持续发展能力

良好的儿童早期发展可以全面提高一代人的身体素质、心理素质以及对未来的能力储备。必须高度重视儿童早期发展对国家发展的重要性，最大限度满足儿童发展需要，充分发挥儿童潜能，特别是为处境不利儿童提供公平的发展机会，这将有利于打破贫困代际和结构性循环、减少不平等、缩小社会差异，也为经济持续增长、社会的稳定和公平奠定坚实基础。

我国收入维度的绝对贫困即将基本解决，但要真正拔除穷根，还得从贫困人口自身的发展出发，针对不同生命周期的致贫风险进行有针对性的干预。其中，贫困儿童的早期发展十分关键。事实上，2017 年以来每年召

开的中央经济工作会议，都将儿童早期发展相关主题作为下一年经济工作的重要内容。

系列研究的调查结果显示，我国贫困地区儿童早期发展滞后，高达1/3的儿童可能发育迟缓，问题较为严重。如果不进行针对性干预，将对儿童终身发展具有不可逆的影响，导致持久的长期贫困乃至贫困的代际传递，影响贫困地区乃至全国的现代化进程。按照发展规律，为贫困地区儿童提供科学的、个性化的干预服务，不过是在已有工作基础上延伸出的"最后一公里"，且一些项目在管理体制、信息化管理、人员培训等方面积累了重要经验。可以说，对贫困地区儿童早期发展进行抢救性干预已经刻不容缓，而且纳入国家支持的条件也基本成熟。

首先，技术层面简单易行。儿童早期发展在学术上已经有了广泛的共识与定论，这些科学的发现已经广泛被不同国家、不同地区的实践所证实，变成了可操作的实用技术。

其次，经济层面可以承受。我国目前贫困地区3岁以下儿童约为860万人。按照巴西"快乐儿童"项目大范围推广的经验，以每个儿童每年1584元进行估算，大约需要136.2亿元，仅相当于2018年我国GDP的万分之一点五。如果考虑城市中的流动儿童和中低收入家庭儿童，整个费用也可控。

最后，已有工作基础扎实。我国已出台《中华人民共和国母婴保健法》《中华人民共和国未成年人保护法》等法律，也有成熟的儿童发展纲要、健全的妇女保健体系和儿童保健体系。人员队伍方面，无论是已有的相关专业人员，还是现有劳动力的教育水平，都可以经过专业化的培训形成一支专业的儿童早期发展队伍。而且，人力资源和社会保障部已经在国家职业大典中设立了"婴幼儿发展引导员"的国家职业。

从实践层面看，包括中国发展研究基金会"慧育中国"、陕西师范大学教育实验经济研究所和国家卫生健康委干部培训中心"养育未来"、中国—联合国儿童基金会贫困地区儿童早期综合发展试点等在内的多个项目已在我国部分地区积累了宝贵的经验。

因此，我们应当尽快把贫困地区儿童早期干预纳入国家"十四五"规划，通过对儿童早期发展的政策干预，让每个儿童、每个家庭受益，让贫困地区受益，最终让整个国家和民族受益。

执笔人：佘　宇（国务院发展研究中心）

（原文载于《中国经济导报》06 版，2020 年 6 月 11 日）

关于发展普惠托育服务体系的建议

托育服务是保障和改善民生的重要内容，事关婴幼儿健康成长，事关千家万户。当前，我国托育服务仍面临诸多问题与挑战。微观层面看，家庭养育最优但缺乏制度保障，家政服务是有益补充但不规范，托育需求旺盛但有效供给不足。宏观层面看，托育服务涉及业务领域众多，部门协同不力、市场无序发展、人才队伍缺失等问题较为突出。

党的十九届五中全会通过的《中共中央关于制定国民经济和社会发展第十四个五年规划和二〇三五年远景目标的建议》明确提出要"发展普惠托育服务体系"。构建一个良好的体系，至少应包括以下内容：一是良好的政策环境，包括法律政策框架、部门协作机制、经费投入保障；二是广泛的服务范围，包括覆盖范围、公平程度等；三是有效的质量监管，包括质量标准、日常监测等。

如何在中央精神的指导下，按照"家庭尽主责、社区能依托、市场有所为、政府起作用"的总体思路，推进落实《国务院办公厅关于促进3岁以下婴幼儿照护服务发展的指导意见》及相关配套措施，加快发展普惠托育服务体系，是新时期的重要工作内容。

一、切实提高各地对婴幼儿照护服务工作重要性的认识

国家政策落实离不开地方领导的大力支持，需要各级党委和政府及其

主要负责人对这项工作"真重视"。应把《国务院办公厅关于促进3岁以下婴幼儿照护服务发展的指导意见》落实情况纳入地方党政领导干部民生工作督导考核体系，并作为干部考核的约束性指标。督促各地建立婴幼儿照护服务联席会议制度，尽快制定实施细则，建立健全备案登记、信息公示、质量评估等制度，加强和落实财政保障与支持，形成稳定的财政投入制度安排。

二、搭建涵盖健康营养、科学照护、安全保障、早期学习的综合性服务框架

营养健康涵盖孕产妇营养、母乳喂养、儿童辅食添加和微量元素补充、儿童生长监测和健康促进、妇幼预防保健和诊疗、发育困难和残疾儿童护理、养育人健康素养、吸烟饮酒和药物滥用防治、艾滋病预防等内容；科学照护涵盖科学育儿、亲子互动、家庭文化、社区和社会组织支持等内容；安全保障包括出生登记、食药安全、卫生习惯养成、家庭暴力预防、环境治理、设施改造、社会保险、社会福利、社会救助等内容；早期学习包括玩教具配备、早期阅读、日托服务、相关信息咨询与支持等内容。

三、明确家庭、政府、市场和社会力量的服务供给职责

家庭是第一责任主体，应履行好养育职责，为儿童提供最直接的照护。政府应为加强家庭养育能力、促进儿童早期发展提供宣传指导；营造

社会氛围，完善产假、育儿假以及弹性工作安排等相关政策；建设示范项目，鼓励社会力量提供普惠性服务；为困难家庭提供兜底保障服务。社会力量可按照市场规则提供专业化的托育服务，满足家庭多层次多样化的照护需求。对于非营利性的普惠性托育机构，收费不宜高于公办水平，但在场地、投入等支持政策上应尽可能一视同仁；对于营利性的普惠性托育机构，应在分类管理的原则下，加大政府补贴，让社会力量盘活现有资源并以轻资产形式进入。

城市地区双职工家庭的托育服务需求非常迫切，必须综合考虑托育服务在充分调动女性就业和参与经济社会发展、鼓励生育、带动家政服务行业发展形成新的增长点等方面的积极作用。通过财政补贴、购买服务等形式，加大政府支持力度，更好发挥政府作用，多出真招实招，做好示范引领，探索符合城市家庭需求的托育服务，寻求政府与市场、供给与需求之间的动态平衡。

四、建立健全家庭主责、政府兜底、社会补充的经费投入与分担机制

科学测算托育服务所需的全口径成本。家庭作为儿童养育的第一责任主体，承担大部分托育服务的费用。当家庭遭遇临时性或持久性的困难时，政府履行保基本的兜底责任，社会提供补位性质的帮助和支持。政府保基本兜底线主要是负担政策保障对象的相关投入、基本项目的建设及运营费用、公益性普惠性服务的补助和补贴、特定的奖励性资助等。政府支出也可以发挥引导和带动社会投入的作用。

五、探索多样化的服务供给模式

利用卫生健康、教育、民政、妇联等部门的专业优势和资源优势，发挥社会组织、社工机构、专业智库的作用，充分利用各部门的服务平台和基层阵地，加强创新协作、资源整合、优化提升。鼓励有条件的用人单位提供更多的育儿便利条件。服务模式的选择必须因地制宜，切忌盲目效仿，通过探索托幼一体化、社区托育点、家庭互助式托育等服务模式，提供全日托、半日托、计时托、临时托等多样化服务。服务形式应符合当地区域特点和风俗习惯，提供多形式、个性化和本土化的指导服务。服务内容既要重视婴幼儿情绪和社会性、语言、认知等方面的指导，也要重视提供婴幼儿生长发育、营养膳食、疾病预防、伤害防护等方面的指导。应特别重视对家长的科学育儿指导，教授家长具体可行的知识方法，改善家庭育儿理念和能力，而非过度鼓励低龄婴幼儿进入托育机构。

六、加快公益性托育机构建设，重视困境儿童早期发展服务

在社区层面发展一定数量的公共托育机构和儿童课外看护服务机构，以满足不同情况家庭的现实需求。将困境儿童（特别是重病重残儿童）和贫困家庭优先纳入公益性的托育服务范围，设置保障标准，拓展服务内容，由政府采取精准的服务方式进行兜底保障。在加强对留守儿童关爱

保护的同时，未来应通过政策调整和服务支持，尽可能实现家庭团聚，避免父母缺位。城镇托育机构建设应充分考虑流动儿童的需求，避免在新增托育服务资源过程中继续形成入托机会不平等的局面。及时总结国内试点项目在内容设计、经费投入、运营管理、信息化建设、人员培训等方面的重要经验，尽快把贫困地区儿童早期发展干预纳入国家"十四五"规划。

七、加强行业监管和专业化人员队伍建设

加快制定托育服务领域的行政法规，逐步推动更高层级立法程序，进一步明确行业主管部门和监管权限，建立准入标准、行业规范和价格动态调整机制，启动行业运行监测评估体系和风险防范化解机制。加大对无证托育机构的规范和引导，通过激活存量、提高质量的方式帮助一批有条件的无证机构合法化和合规化。依托妇幼保健、公共卫生、学前教育、儿童保护、社区工作、计生、妇联等领域的基层队伍实现资源共建共享，鼓励行业协会和社会组织研制从业人员培训课程指导标准，实行托育机构负责人、教师定期培训和全员轮训制度，推动建立一支专业化、职业化的托育服务队伍。

执笔人：佘　宇（国务院发展研究中心）

（本文成稿于 2020 年 11 月 19 日）

将贫困地区儿童早期发展干预纳入
"十四五"规划

　　0~3岁托育服务和学前教育事关亿万儿童健康成长，事关千家万户的切身利益，是保障和改善民生的重要内容。党的十九届五中全会通过的《中共中央关于制定国民经济和社会发展第十四个五年规划和二〇三五年远景目标的建议》对"发展普惠托育服务体系""完善普惠性学前教育保障机制"提出明确要求。

　　面对新阶段托育服务和学前教育的新特点新需求，如何加快发展普惠托育服务体系和完善普惠性学前教育保障机制，日前，在全国妇联召开的"十四五"时期妇女儿童发展专家座谈会上，国务院发展研究中心研究员佘宇表示，"发展普惠托育服务体系和完善普惠性学前教育保障机制，需要良好的政策环境、广泛的服务范围、有效的质量监管等多方面支持"。

一、发展普惠托育服务体系

　　"应明确家庭、政府、市场和社会力量的服务供给职责。搭建涵盖健康营养、科学照护、安全保障、早期学习的综合性服务框架。"佘宇在接受《中国妇女报》记者采访时表示，家庭作为第一责任主体，应履行好养育职责，为儿童提供最直接的照护；政府应为加强家庭养育能力、促进儿童早期发展提供政策支持，完善产假、育儿假以及弹性工作安排等相关政策，鼓励社会力量提供普惠性服务，为困难家庭提供兜底保障服务；社会力量可按照市场规则提供专业化的托育服务，满足家庭多层次多样化的照护需求。

针对不同类型家庭不同托育服务需求，佘宇认为服务模式要因地制宜，不能盲目效仿。他建议，卫生健康、教育、民政、妇联等部门加强合作，发挥职能优势，引导社会组织、社工机构、专业智库积极发挥作用，通过探索托幼一体化、社区托育点、家庭互助式托育等服务模式，提供全日托、半日托、计时托、临时托等多样化服务。

"服务内容既要重视婴幼儿情绪和社会性、语言、认知等方面的指导，也要重视提供婴幼儿生长发育、营养膳食、疾病预防、伤害防护等方面的指导。"佘宇说，应重视对家长的科学育儿指导，改善家庭育儿理念和能力。同时，要重视困境儿童早期发展服务，将困境儿童和贫困家庭优先纳入公益性的托育服务范围，并尽快把贫困地区儿童早期发展干预纳入国家"十四五"规划。

二、完善普惠性学前教育保障机制

"学前教育是国民教育体系的重要组成部分，对于国家发展具有基础性、长远性意义。"佘宇表示，普惠性学前教育的特点是"面向大众、收费较低、质量合格"，建议在国家层面提出财政性教育经费中学前教育投入比例不低于8%的目标要求并争取在"十四五"期间实现的同时，也要鼓励和支持社会力量参与普惠性学前教育资源供给；要加大对于农村地区以及家庭经济困难等群体资助力度，确保其享受普惠性学前教育服务。

　　针对如何进一步推动公共资源分配均衡发展，佘宇建议要切实发挥好公办园基础性作用，按照义务教育均衡发展标准，配置包括园所建设、师资和玩教具等各种资源，扭转差距扩大的趋势。同时，支持鼓励民办园提供普惠性服务，可通过政府购买服务、教师培训、园所共建等多种措施引导社会力量参与。

　　"发展普惠性学前教育，还应完善监管机制，进一步强化幼儿园办园行为和保教质量的事前、事中和事后监管。"佘宇建议，充分利用互联网等信息化手段，加强社会监督，充分发挥幼儿园家委会作用，推动家长有效参与幼儿园重大事项决策和日常管理。

（原文载于《中国妇女报》2020 年 11 月 26 日）

以调整存量、用好增量、提高质量为重点发展普惠托育服务体系

"发展普惠托育服务体系"是党的十九届五中全会作出的一项重大决策。发展普惠托育服务体系，需要厘清家庭、政府、市场和社会力量之间的关系，并努力做到调整存量、用好增量、提高质量。

一、发展普惠托育服务体系具有重要意义

托育服务是保障和改善民生的重要内容，事关婴幼儿健康成长，事关千家万户。从女性怀孕到孩子出生后的两年，是他们生命中的第一个1000天，是脑和神经系统发育最快速的时期，也是投资回报率最高的时期。良好的儿童早期发展可以全面提高一代人的身体素质、心理素质以及对未来的能力储备。发展普惠托育服务体系，有利于优化儿童发展环境，降低儿童发育风险，实现儿童早期健康发展，从源头上提高人口素质。

2019年作为"全面二孩"政策实施的第四年，我国出生人口仅为1465万人，比2018年继续减少58万人，人口出生率再创新低，这既有育龄妇女减少、生育意愿降低等原因，也反映出"生不起、养不起"、育幼压力大等问题。其中，托育服务的有效供给不足是重要原因之一，大中城市、贫困农村等重点区域以及留守、流动、家庭经济困难儿童等重点人群

的供需矛盾尤为突出。随着我国人口发展从控制数量为主向调控总量、优化结构和提升素质并举转变，加快发展普惠托育服务体系，已成为降低家庭生育成本、提高家庭生育意愿和养育能力，促进人口长期均衡发展的重要举措，必须下大力气补齐这一短板。

二、处理好家庭、政府、市场和社会力量之间的关系

"普惠"主要指的是服务的性质，主要特征是"面向大众、质量合格、有直接或间接的财政补贴"，强调的主要还是"经济可承受"，区别于"选择性"服务，旨在解决托育服务在地理和经济上的可及性问题。"普惠托育服务"既包括公办托育机构、非营利性托育机构提供的服务，也包括政府购买的营利性托育机构提供的服务。发展普惠托育服务要科学界定家庭、政府、市场和社会力量在托育服务中的定位。

（一）明确不同主体服务供给职责

2019年4月印发的《国务院办公厅关于促进3岁以下婴幼儿照护服务发展的指导意见》已经确定了"家庭为主、托育补充"和"政策引导、普惠优先"的基本原则。家庭作为天然的生存与情感纽带，具有养育子女的法定责任和义务，是托育服务的第一责任主体，应履行好监护抚养、科学养育职责，为儿童提供最直接的照护。但家庭及其能力和水平又是千差万别的，对于相当一部分家庭而言，由于缺乏资源、科学知识和方法，不少儿童难以在家庭获得科学、充分的发展引导。加强家庭养育能

力，巩固家庭育幼基础地位，有赖于政府、市场和社会力量等多方面支持。政府要为家庭提供科学养育指导，营造良好社会氛围，完善产假、育儿假、生育津贴、个税扣除以及弹性工作安排等相关政策，并为困难家庭提供兜底保障服务；也要做好规划、布局，在社区层面建设示范项目并进行设施和部位改造，通过发挥引导和带动作用，以及购买服务的方式，鼓励和支持社会力量依托社区提供普惠服务。市场和社会力量既可按照市场规则提供专业化的托育服务，也可承接政府普惠托育服务项目，通过多种形式广泛参与托育资源供给，满足家庭多层次多样化的照护需求。

（二）建立健全经费投入与分担机制

在科学测算托育服务所需的全口径成本基础上，从国情出发，合理确定托育成本分担机制。家庭作为儿童养育的第一责任主体，承担大部分托育服务的费用。当家庭遭遇临时性或持久性的困难时，政府履行保基本的兜底责任，社会提供补位性质的帮助和支持。政府保基本兜底线应主要是负担政策保障对象的相关经济支持、基本项目的建设及运营费用、公益性普惠性服务的补助和补贴、特定的奖励性资助等。政府支出也可以发挥引导和带动社会投入的作用。

此外，城市地区双职工家庭的托育服务需求非常迫切，必须综合考虑托育服务在充分调动女性就业和参与经济社会发展、鼓励生育、带动家政服务行业发展形成新的增长点等方面的积极作用。通过财政补贴、购买服务等形式，加大政府支持力度，更好发挥政府作用，做好示范引领，探索符合城市家庭需求的托育服务，寻求政府与市场、供给与需求之间的动态平衡。

三、把调整存量、用好增量、提高质量作为工作重点

我国目前 3 岁以下婴幼儿约有 5000 万人。2019 年，全国人口监测和家庭发展抽样调查显示，总体入托率为 5.57%，即便是托育服务发展处于全国前列的上海，入托率也不到 15%，较 2014 年经合组织成员国 34% 的平均入托率还有不小差距。国家托育机构备案信息系统显示，当前已备案的 5167 家机构中，营利性的占 71.87%，非营利性的占 25.34%，事业单位仅占 2.8%。发展普惠托育服务体系，不可能一蹴而就，也不能一味以提高入托率为目标，要在《国务院办公厅关于促进 3 岁以下婴幼儿照护服务发展的指导意见》提出的政策法规、标准规范和服务供给三个体系建设上力求成效，近期工作重点是调整存量、用好增量、提高质量。

"存量"指的是现有的公共教育资源、公共卫生资源和社区的其他公共资源等，例如幼儿园开设的婴班或早教亲子班、医疗机构附属设立的儿童早期发展基地、原人口计生部门推进的科学育儿基地以及社会办学的早教机构，调整存量就是要创新协作、资源整合和优化提升，避免重复建设，发挥综合效益；"增量"指的是政府、市场和社会力量在资金、人员、基础设施等方面的新增投入，用好增量就是要优先关注重点区域、重点人群的供需矛盾，解决其难以从家庭、社会和市场获得充分照顾、养育和早期教育的问题；"质量"指的是服务内容和形式的标准规范，提高质量就是要加强专业化人员队伍建设和家庭科学育儿指导，建立优质高效的质量控制与行业监管机制。

（一）探索多样化的服务供给模式

利用卫生健康、教育、民政、妇联等部门的专业优势和资源优势，发挥社会组织、社工机构、专业智库的作用，充分利用各部门的服务平台和基层阵地开展托育服务。鼓励有条件的用人单位提供更多的育儿便利条件。加大对无证托育机构的规范和引导，通过盘活存量、提高质量的方式帮助一批有条件的无证机构合法化和合规化。对于非营利性的托育机构，收费不宜高于公办水平，但在场地、投入等支持政策上应尽可能一视同仁；对于营利性的托育机构，可以自主定价并鼓励充分竞争，政府也可以向其购买服务，但要对其质量进行严格监管，并通过信息公开、公示等方式加强社会监督。

具体服务模式的选择必须因地制宜，通过探索托幼一体化、社区托育点、家庭互助式托育等服务模式，提供全日托、半日托、计时托、临时托等多样化服务。服务形式应符合当地区域特点和风俗习惯，提供多形式、个性化和本土化的指导服务。服务内容既要重视婴幼儿情绪和社会性、语言、认知等方面的指导，也要重视提供婴幼儿生长发育、营养膳食、疾病预防、伤害防护等方面的指导，还要重视家长或看护人情绪、心理等方面的支持。应特别重视对家长的科学育儿指导，教授家长具体可行的知识方法，改善家庭育儿理念和能力，而非过度鼓励低龄婴幼儿进入托育机构。

（二）重视困境儿童早期发展服务

将留守、流动、残疾等处境困难儿童和贫困家庭优先纳入公益性的托育服务范围，设置保障标准，拓展服务内容，由政府采取精准的服务方式进行兜底保障。建立健全残疾儿童社会救助、康复服务以及生活自理能力、社会适应能力支持体系。在加强对留守儿童关爱保护的同时，通过降低"流入地"入托入学门槛，确保转学、升学等方面的衔接，尽可能实现更多的留守儿童和进城务工的父母待在一起，避免家庭责任（即家长责任）的缺失。城镇托育机构建设应充分考虑流动儿童的需求，避免在新增托育服务资源过程中继续形成入托机会不平等的局面。

中国发展研究基金会"慧育中国"、陕西师范大学教育实验经济研究所和国家卫生健康委干部培训中心"养育未来"、中国—联合国儿童基金会贫困地区儿童早期综合发展试点等多个项目已在我国部分地区积累了宝贵经验。应及时总结上述项目在内容设计、实用技术、经费投入、运营管理、信息化建设、人员培训等方面的重要经验，把贫困地区儿童早期发展干预纳入国家"十四五"规划。下一步也可以推动这些项目向城市地区逐渐延伸。

（三）稳步提升服务质量

加快制定和完善托育服务行政法规，制定行业标准和规范，优化收费和定价管理，建立运行监测评估体系和风险防范化解机制。依托妇幼保健、公共卫生、学前教育、儿童保护、社区工作、计生、妇联等领域的基层队伍实现资源共建共享，鼓励行业协会和社会组织研制从业人员培训课程指导标准，实行托育机构负责人、教师定期培训和全员轮训制度，推动建立专业化、职业化托育服务队伍。随着我国出生人口持续下滑，小学阶段入学人数也将呈现下降趋势，小学师资甚至会出现富余，可探索通过转岗培训和优化师资内部结构，将其适当调整用于充实托育服务队伍，解决当前专业化人员短缺问题。

考虑到多数儿童多数时间在家庭生活的现实，在加强专业化机构和人员队伍建设的同时，应强化对家庭科学育儿服务内容和方法的指导。发挥卫生健康、教育、民政、妇联等部门的专业优势和资源优势，建设家庭科学育儿指导服务队伍，开展有计划、系统性培训，提升服务能力，多形式、多渠道深入家庭开展指导服务，提高家长科学育儿水平。用好现有培训资源，将婴幼儿照护等知识技能纳入家政服务人员培训内容，组织动员有劳动能力和劳动意愿的城乡非在业妇女参与专业化的托育服务职业培训，有序引导其就业创业。

执笔人：佘 宇（国务院发展研究中心）

（本文成稿于 2020 年 12 月 18 日）

激发新时代托育服务发展新动能

　　"发展普惠托育服务体系"是中共十九届五中全会作出的一项重大决策，是未来五年、十五年甚至更长一个时期我国托育事业或行业发展的主要目标和基本遵循。发展普惠托育服务体系，激发新时代托育服务发展新动能，首先需要科学界定家庭、社区、政府、市场（和社会力量）在托育服务中的定位，并明确不同主体的服务供给职责。事实上，2019 年 4 月印发的《国务院办公厅关于促进 3 岁以下婴幼儿照护服务发展的指导意见》对此已作出了纲领性指导，其核心要义概括起来就是"家庭尽主责，社区能依托，市场（和社会力量）有所为，政府起作用"。

　　家庭作为儿童天然的生存与情感纽带，具有养育子女的法定责任和义务，是托育服务的第一责任主体，必须巩固其育幼的基础地位；社区具有可及、便捷的优势，既可直接为家庭提供"喘息"等身边的具体服务，也可通过公共区域相关设施、部位改造创设对家庭更加友好的周边环境；市场（和社会力量）既可按供需关系和市场规则提供专业化的托育服务，也可承接政府普惠托育服务项目，通过多种形式广泛参与托育资源供给，满足家庭多层次多样化的照护需求；政府则要为加强家庭养育能力提供指导，营造良好社会氛围，重点发挥对确有困难家庭的保基本兜底线作用，有效疏解市场（和社会力量）进入托育服务领域的堵点和难点并对其行为和质量进行严格监管，以及加快建立健全托育服务政策法规、标准规范、服务供给三个体系。

　　需要注意的是，当前我国托育事业或行业发展仍面临诸多问题与挑战。从供给侧看，市场大、主体多，但规范少、监管弱，服务能力和服务质量参差不齐，收费价格普遍偏高；除了法律法规、标准规范仍不够完善外，专业人才缺乏也不稳定，政府投入有限且不均衡，机构选址难、运营成本高、风险责任大的问题仍很突出。从需求侧看，随着家庭结构小型化、女性普遍进入劳动力市场以及城镇化加速推进、人口大规模流动，家庭功能也在不断弱化；除了留守、流动、家庭经济困难儿童等重点人群以及贫困农村地区外，城市地区双职工家庭的托育服务需求也非常迫切，但广大家长殷殷期待的那种安全优质、价格适中、方便可及的美好托育服务需要仍得不到有效满足。

市场（和社会力量）要想真正实现"有所为"甚至"大有作为"，需要重点关注以下五个方面。

一是明确目标。无论是否提供普惠托育服务，无论是选择营利性还是非营利性的机构属性，都要秉持为了儿童安全健康成长的初心使命，这也是基本底线，并努力打造属于中国自己的民族品牌。

二是摸清底数。聚焦社区层面，了解辖区内适龄儿童数量和基本情况以及家长的主要需求，加强与社区的合作，有针对性采取托幼一体化、社区托育点、家庭互助式托育等服务模式，开展全日托、半日托、计时托、临时托等多样化服务形式。

三是严格标准。注重服务内容和方法的科学规范，切实做好人员培训，规范一日服务流程，用好量表和操作手册，处理好"严格"对机构的短期约束与长远发展的关系，并争取机构标准能为行标、国标制定提供参考借鉴。

四是优化管理。创新思路与具体形式，充分利用互联网等信息化手段，实现线上线下相结合，在技术支撑、服务传递、运营管理、风险防控、人员激励约束等方面下足功夫。

五是争取支持。积极争取政府补贴、税费减免、水电气等优惠以及场地、设施和部位改造等方面的支持，主动申报政府示范、试点及普惠托育项目，并充分借助其他社会组织、行业协会、专业智库的资源优势，不断加强自身专业化、职业化服务队伍建设。

总之，市场（和社会力量）要把准托育事业或行业发展新的历史方位，学懂、弄通、悟透国家和地方已出台的相关托育政策，在实现机构自身健康可持续发展的基础上，为发展普惠托育服务体系作出应有贡献，为新时代托育服务发展注入新动能。

执笔人：佘　宇（国务院发展研究中心）

（原文载于《中国经济时报》2020 年 12 月 24 日）

中国儿童早期发展状况：结论和建议

儿童早期发展需要聚焦四个方面的服务，即"卫生、营养、健康""照料、看护""安全、保障"和"教育、启蒙"。

我们的调查发现：在卫生、营养、健康方面，母乳喂养比例较低，出生6个月内"只吃母乳"的婴幼儿只占受访者的37.1%，相当于全球中低收入国家的水平；受访者最担心婴幼儿吃饭习惯不好，且营养问题仍将长期存在；公共卫生机构可以满足87.7%的家庭在车程30分钟内获得医疗服务，但仍有2.4%的家庭无法在1小时内到达最近的医院。在照料、看护方面，亲子隔离现象仍较普遍，约1/4的婴幼儿和父母至少一方处于居住分离状态，9.2%的婴幼儿与父母双方都分离，城市无自有住房家庭和农村家庭的婴幼儿亲子隔离现象最为突出；家庭成员间育儿方式的不同成为家庭最主要的育儿困难，年轻人对养育护理技能和科学哺育知识的需求更为迫切；半数家长有"自我情绪管理"力不从心的问题，约有1/5的家长会使用打屁股等惩罚方式，或使用忽视等冷暴力方式对待孩子。在安全、保障方面，1/4的受访者表示自家孩子曾发生过安全事件，最大的危险来自"摔伤"和"烫伤"，农村地区发生概率较大；近一半的家庭需要"外界偶尔支援"，即对社会能为家庭提供临时照顾，喘息服务有较大需求；社区对家庭的支持程度较好，61.8%的家庭获得了邻居较多的关心。在教育、启蒙方面，婴幼儿的乐观、自信等美德的培养获得了60%甚至70%以上受访者的关注；家长的启蒙教育仍显不足，涉及亲子沟通、语言交流的活动的选择率过低，讲故事的不到一半，动手的活动更少，制作简易玩具的不足1/3。

此外，城乡较为普遍地存在不能按照科学方式去保育养育的问题，家庭存在"保护"过度的情况，儿童缺乏积极的锻炼；祖辈过于溺爱孩子，缺乏科学的育儿经验；家庭"揠苗助长"的现象较为突出，而相关机构又总是在迎合家长这种"需求"。

针对以上问题，提出如下建议。第一，更好地保证婴幼儿卫生健康。继续加强母乳喂养宣传和动员；改善医院布局，提高社区医院服务品质。第二，重点关注亲职能力不足的婴幼儿。建立对亲子隔离等困境中儿童的日常工作体制，关注和提高照顾者的照顾能力和情绪管理能力，有条件的地方建立心理辅导体系。第三，进一步提高社会安全水平和社会福利。加强婴幼儿安全宣传教育，建立针对家庭的临时照顾和喘息服务体系，鼓励和建立社区层面的家庭互助计划。第四，更好地协助家长做好婴幼儿教育启蒙。向更多的家长普及亲子语言沟通和行为交流的方法，鼓励和协助家长建立社区型的亲子教育组织，提供家长交流和沟通学习的平台。

执笔人：佘　宇（国务院发展研究中心）

（原文载于《科学育儿》第 2 期，2021 年 1 月 8 日）

加强互联网育儿知识信息服务的建议

科学育儿知识有广义和狭义之分。广义的科学育儿知识主要涵盖婴幼儿的健康营养、科学照护、安全保障、早期学习四个方面，狭义的则主要包括营养喂养、健康管理和早期发展等内容。

当前，年轻父母普遍缺乏育儿经验，面对庞杂信息难以分辨，对养育护理技能和科学哺育知识的需求较为迫切。互联网因其扁平便捷、规模聚集、投放精准、时效性强等优势，在育儿知识传播中的作用尤为突出。但受多方面因素影响，网上育儿伪科学现象较为泛滥，个别失真信息更是对婴幼儿健康产生负面影响，亟待相关部门加强监管。

一、面临的主要问题和挑战

（一）政府和专业机构的权威信息源作用发挥不足

国家卫生健康委先后编写和印发了《婴幼儿喂养健康教育核心信息》《托育机构保育指导大纲（试行）》等文件，能够作为比较权威的育儿信息标准；各级政府和卫生健康主管部门也通过落实基本公共卫生服务和妇幼保健服务、强化健康教育，为家长及婴幼儿照护者提供入户指导、亲子活动、家长课堂等服务。

但由于缺乏有效的激励机制，政府和不同级别的专业机构利用自身网站、微博、微信公众号以及应用程序进行相关育儿知识信息传播的动力明显不足，存在提供主体少、信息量不足、形式单一、对新技术应用不足等问题，没有有效发挥权威信息源的作用。

（二）互联网传播育儿知识信息的监管严重不足

缺乏专业化的监管队伍，部门之间缺乏有效协作，监管能力跟不上信息化发展要求。近年来，规范信息传播的法律规范政策不少，如《互联网信息服务管理办法》《网络信息内容生态治理规定》等，但缺乏传播育儿知识信息的有效管控机制，也缺乏对互联网发布育儿知识信息的审核监督机制，相关条款既难以完全适用于关乎个体健康的育儿知识信息领域，也无法完全涵盖育儿知识信息的真实与否。

《网络信息内容生态治理规定》要求互联网平台履行管理主体责任，健全用户注册、账号管理等制度。但现实中对用户个人信息的管理十分混乱，一些平台虽有用户资格验证的机制，却偏重形式审查，营业机构代码、专业证书等真伪难辨。互联网育儿知识信息传播多为商业行为，以配合早教课程等收费服务，商家更多是做好宣传和运营，也不会对信息的科学性进行严格审核。

二、总体性建议

（一）做好政府和专业机构的科学育儿知识信息传播

政府相关部门，尤其是卫生健康部门应在既有网站、微博、微信公众号以及应用程序基础上，进一步做好科学育儿知识信息的常态化传播，充分发挥好权威信息源的作用。充分发挥好权威专家团队作用，促进政府主导、权威机构和人员为主的专家团队建设，积极开展互联网科学育儿知识信息宣传，搭建公众参与对话与交流互联网平台。

（二）加强对互联网育儿知识信息传播行为的监管

国家互联网信息办公室、国家卫生健康委等政府部门切实履行好自身职责，发挥好协同作用。建立育儿知识第三方信息认证机构，保障非专业机构宣传内容的科学性；研制互联网育儿知识信息发布的标准和监管机制，加大审核力度，建立评估机制，对传播过程和传播结果进行监督评价；建立良好的育儿知识信息搜集操作指南和质量指标，把政府部门、专业门户网站放在搜索引擎的最前面或置顶。

三、近期需要优先开展的工作

（一）构建权威平台和实施分级认证

由国家卫生健康委牵头，面向公众搭建起一个或多个经过官方认证的，集在线育儿知识咨询、非互动育儿知识查询、科学育儿知识整合等于一体的权威信息服务平台。同时，要求网络平台根据日常监管掌握的育儿知识信息提供主体相关情况和行业数据，结合备案和认证的资质情况，对信息发布主体进行分级认证并进行动态调整。具体实施意见可由国家卫生健康委、国家互联网信息办公室、国家市场监督管理总局等部门共同制定。此外，还应加强儿童保健及相关卫生领域人员的培训，以进一步推广科学育儿知识。

（二）加大对各种虚假信息发布者及平台的处罚

重点治理唯利是图、虚假宣传等不良行为，专项打击并关闭互联网上带有欺骗性质的"伪专家"和"伪科学育儿知识"，网络管理员定期进行清理并明确对用户进行提示。既要建立从警告、罚款、赔偿到刑事追责的全方位机制，也要建立完善"投诉举报必须进行追究"的工作机制。

在各个涉及育儿知识信息提供的平台，都设置专门的举报链接和联系方式，将有关信息导入国家卫生健康委的统一渠道，并及时给予程序上的反馈；围绕投诉举报信息建立卫生健康委牵头的多部门信息沟通机制；定期对虚假信息的投诉举报处理情况在官方统一平台予以公示，并及时反馈到涉事平台、信息发布主体；根据虚假信息涉及范围，由相关部门分别进行处理。

执笔人：佘　宇（国务院发展研究中心）

（本文成稿于 2021 年 2 月 1 日）

构建普惠托育服务体系，要重"存量、增量、质量"

随着"三孩"政策的出台，"十四五"时期婴幼儿照护服务需求将进一步释放。下一步需要构建怎样的普惠托育服务体系？

国务院发展研究中心社会和文化发展研究部一级调研员、研究员佘宇在接受《中国经济时报》记者采访时表示，"发展普惠托育服务体系，不可能一蹴而就，也不能一味以提高入托率为目标，而是要在《国务院办公厅关于促进 3 岁以下婴幼儿照护服务发展的指导意见》提出的政策法规、标准规范和服务供给三个体系建设上力求成效，近期工作重点是调整存量、用好增量、提高质量。"

数据显示，我国 3 岁以下婴幼儿人数超过 4700 万。与巨大的需求体量相比，我国托育服务仍然处于起步阶段。在此前《中国经济时报》一项关于生育意愿的调查中，有 21.08% 的受访者呼吁"增加幼托机构数量和保障，解决幼托问题"。

佘宇认为，"存量"指的是现有的公共教育资源、公共卫生资源和社区的其他公共资源等，调整存量就是要创新协作、资源整合和优化提升，避免重复建设，发挥综合效益。

"增量"指的是政府、市场和社会力量在资金、人员、基础设施等方面的新增投入，用好增量就是要优先关注重点区域、重点人群的供需矛盾，解决其难以从家庭、社会和市场获得充分照顾、养育和早期教育的问题。

"质量"指的是服务内容和形式的标准规范，提高质量就是要加强专业化人员队伍建设和家庭科学育儿指导，建立优质高效的质量控制与行业监管机制。

为此，他建议，一是探索多样化的服务供给模式。利用卫生健康、教育、民政、妇联等部门的专业优势和资源优势，发挥社会组织、社工机构、专业智库的作用，充分利用各部门的服务平台和基层阵地开展托育服务。二是重视困境儿童早期发展服务。将留守、流动、残疾等处境困难儿童和贫困家庭优先纳入公益性的托育服务范围，设置保障标准，拓展服务内容，由政府采取精准的服务方式进行兜底保障。三是稳步提升服务质量。加快制定和完善托育服务行政法规，制定行业标准和规范，优化收费和定价管理，建立运行监测评估体系和风险防范化解机制。

与此同时，余宇认为，"要广泛鼓励社会力量参与，这样既有助于缓解政府投入压力，也能更好巩固家庭育幼基础地位。社会力量既可按供需关系和市场规则提供专业化的托育服务，也可承接政府普惠托育服务项目，通过多种形式广泛参与托育资源供给，满足家庭多层次多样化的照护需求。"

他还提醒道，一定要保证社会力量参与进来以后的机构服务质量和监管问题。一方面，要有效疏解社会力量进入托育服务领域的堵点和难点，并对其行为和质量进行严格监管；另一方面，要加快建立健全托育服务政策法规、标准规范、服务供给三个体系。

从机构自身来看，一是要严格标准，切实做好人员培训；二是要优化管理，充分利用互联网等信息化手段，实现线上与线下相结合，在技术支撑、服务传递、运营管理、风险防控、人员激励约束等方面下足功夫；三是要争取支持，即积极争取政府补贴、税费减免、水电气等优惠以及场地、设施和部位改造等方面的支持，主动申报政府示范、试点及普惠托育项目。

（原文载于《中国经济时报》2021 年 6 月 8 日）

社会保障机制日臻完善，妇女儿童
保障水平大幅提升
——天津市妇女儿童与社会保障基本情况的调研报告

2020年，天津全市养老保险、失业保险女性参保人数分别达到423.91万和139.43万，比2010年分别增长了68.15%和38.19%，女性参加工伤、生育等其他保险比例均有大幅度提升，待遇逐年提高，努力做到应保尽保、应发尽发。残疾儿童接受康复训练和服务人数十年累计达到23210人，接受康复救助人数达到12949人，占比为55.79%，开展残疾儿童康复服务的机构数从2010年的22个增加到73个。事实无人抚养儿童保障制度基本建立，保障标准已调整为每人每月2570元，居全国首位。

一、主要做法和亮点

（一）政策法规方面

天津市在全国率先出台首部省级妇女权益保障条例，先后以市政府名义出台孤儿保障、农村留守儿童关爱保护、困境儿童保障、因新冠疫情影响造成监护缺失儿童救助保护等4个儿童专项政策制度，还将妇女儿童关爱以及孤儿、困境儿童、困难单亲母亲等群体救助帮扶纳入《天津市社会救助实施办法》等5个市政府文件。

（二）机制建设方面

天津市先后成立了流浪未成年人救助保护领导小组、农村留守儿童关爱保护和困境儿童保障联席会议，并在 2021 年将两个市级层面领导小组机构调整合并为未成年人保护工作领导小组；在区级层面，街道乡镇设立儿童督导员，村居委会设立儿童主任，形成纵向到底、横向到边的工作网络。与此同时，还通过"筑基"工程摸清低保低收入人口和农村留守妇女、孤儿等信息数据。

（三）设施建设方面

天津市先后建成了市级未成年人救助保护中心 1 个、妇女儿童庇护场所 10 个、留守儿童关爱之家 7 个、养老机构 387 个、老年日间照料中心 1257 个、老人家食堂 1696 个。以宝坻区为例，到 2020 年底已建成老年日间照料服务中心 111 所，基本实现全区覆盖；建成 4 家一级老人家食堂、46 家二级老人家食堂，为城区的高龄困难老年人提供助餐服务。又如滨海新区，目前共有社区服务中心（站）333 所，较 2011 年增加 232 所，新增第一、第二、第三老年养护院等多所养老设施，社区养老服务设施建设和居家养老服务也在有序推进；建立残疾儿童康复的残疾人康复服务机构 8 所，关爱残疾儿童成长。

（四）服务提供方面

天津市将妇女儿童关爱保护纳入社会组织公益创投项目的重要内容，每年争取一定比例财政资金专项扶持，发动 55 家专业社会服务机构和社会组织、招募 267 名专业志愿者，联合开通心理热线、微信服务平台，面向妇女儿童等特殊群体开展免费心理疏导和精神慰藉服务。发挥社区志愿服务老字号优势，打造志愿服务品牌，推行多种服务模式，发动各类志愿服务力量上门探望照料"空巢"和孤寡老人、孤儿、残疾儿童等各类困境儿童和留守儿童、留守妇女等群体。

二、实地调研的其他发现

（一）好的做法和经验

出生缺陷得到有效控制，新生儿疾病筛查成效显著。天津市强化孕前、产前筛查，预防出生缺陷，十年累计有5553名孕妇因产前诊断胎儿严重缺陷而终止妊娠，提高了出生人口素质。新生儿疾病筛查率年均达到98%以上，十年累计筛查阳性病例42705例，救治患儿942例，改善了出生缺陷儿童健康状态。政府累计投入专项惠民项目资金6.74亿元，先后建立了出生缺陷三级防治体系，惠及妇女儿童3583万人次。当前，正在不断完善孤独症儿童康复服务体系，努力做到应筛尽筛、应治尽治、应救尽救。

家庭医生签约及健康指导工作知晓率较高。无论是宝坻区黄庄镇小辛码头村的入户调研，还是滨海新区泰达街道华纳社区的居民访谈，均表示自己和家人有签约医生，且定期保持沟通和联系。小辛码头村的村民表示，其父亲有高血压、糖尿病等慢性疾病，家庭签约医生也会定期进行健康指导和服务，妻子怀孕期间及产后，乡镇卫生院的医生也会定期指导；华纳社区的居民表示，自己和老伴都有高血压、糖尿病等慢性疾病，家庭医生会定期进行健康指导和服务，特别是提供饮食方面的建议。

统筹资源，协同规划，联动建设"儿童之家"。天津市妇联联合市文明办、市体育局、市民政局、市教育局、市卫生健康委、市关工委共同下发《天津市示范"快乐营地"（儿童之家）建设方案》，上下协同规划建设好儿童之家。截至 2020 年底，累计建成儿童之家 5025 个，留守儿童之家 16 个，全市 1700 个社区儿童之家已全部建立。2020 年，市妇联与有关单位联合下发补充方案，利用新时代文明实践中心、村党群服务中心活动室等阵地有效推进儿童之家建设，累计建成 3523 个农村儿童之家，实现儿童之家在全市的覆盖。

（二）值得进一步关注的问题

养老服务方面，天津市依托社区养老服务设施，落实长期护理保险制度，为社区内和周边有需要的老年人提供专业护理、社区日间照料和居家上门服务的综合服务。当前主要面临如何完善城乡居民养老和医疗保障政策，在构架长期护理保险制度中充分覆盖农村老年群体的问题。作为国家医保局第二批长期护理保险制度试点城市，天津市于 2020 年出台试点方案，覆盖人群从职工医保人员起步，护理服务尚未涉及农村地区。一方面，护理服务能力相对不足，无法拓展和覆盖到农村更为广泛的人群；另一方面，长期护理保险没有单独筹资，且试点期间不允许单独筹资，而是从职工医保中划拨。这些都制约着长期护理保险制度向农村老年群体覆盖。此外，社区及居家适老化改造工作仍需加强。以华纳社区为例，访谈中了解到，高龄老人只有家里的卫生间由政府出资进行了防滑倒的改造，而室内其他区域以及楼梯等公共区域尚未进行相关改造。

托育服务方面，天津全市目前可提供服务的机构 170 家，可提供托位 7817 个。其中，已收托 3 岁以下婴幼儿的机构 145 家，实际收托婴幼儿 2430 人。从人均月收费来看，平均 2489 元，中位价格 2190 元，最低收费 600 元，最高收费 7000 元。根据第七次全国人口普查数据，天津全市常住人口为 1386.6 万人，据此可推算出 2020 年天津每千人口拥有 3 岁以下婴幼儿托位数约为 0.56 个。这不仅远低于全国平均的 1.8 个，而且距离国家提出的 2025 年达到 4.5 个的目标还有很大差距。"十四五"时期，需要进一步加大政府投入，完善保障措施和监管机制，疏解社会力量进入的堵点和难点，提高托育机构抵御风险能力，持续加强托育服务体系建设，特别是增加普惠性托育服务供给，以满足人民群众日益增长的托育服务需求。

生育保险方面，天津市城镇职工参保女性比重呈逐年提高趋势，2020 年达到 41.9%。截至 2021 年 5 月底，全市参加职工生育保险的女性人数为 147.8 万人，参加居民生育保险的女性人数为 273.48 万人，基本实现了应保尽保。参保职工享受产前检查、生育医疗、计划生育手术和生育津贴待遇。2020 年，全市生育保险支出约 17.4 亿元，赤字约有 7 亿元。目前，各类用人单位缴纳职工生育保险费的费率为 0.5%，国家提出医疗保险和生育保险合并实施，主要解决的是基金共济问题，统计过程仍然是分开的。生育保险支出的当期赤字仍是一个亟待解决的问题，需要进一步扩大生育保险覆盖面，保障生育保险制度的可持续性。

执笔人：佘　宇（国务院发展研究中心）

（本文成稿于 2021 年 7 月 9 日）

有效增加普惠性托育服务供给的思考和建议

"发展普惠托育服务体系"是中共十九届五中全会作出的一项重大决策,是未来五年、十五年甚至更长一段时期我国托育服务发展的主要目标和基本遵循。2021 年 7 月 20 日,中共中央政治局会议审议的《中共中央国务院关于优化生育政策促进人口长期均衡发展的决定》将"发展普惠托育服务体系"作为实施三孩生育政策的配套支持措施予以再次强调。第七次全国人口普查数据显示,我国人口增速较上一个十年进一步放缓,3 岁以下婴幼儿数量也在减少,但托育服务需求仍然非常迫切,总体短缺状况仍未得到根本扭转,大中城市、脱贫农村等重点区域以及留守、流动、家庭经济困难儿童等重点人群的供需矛盾尤为突出,未来十年仍需继续加大托育服务尤其是普惠性托育服务供给。

一、未来十年我国托育服务需求将快速扩张

2019 年全国人口监测和家庭发展抽样调查显示,我国总体入托率为 5.6%。而 2014 年经合组织 33 个国家 3 岁以下婴幼儿的平均入托率为 34%。2021 年 3 月印发的《中华人民共和国国民经济和社会发展第十四个五年规划和 2035 年远景目标纲要》明确提出支持 150 个城市利用社会力量发展综合托育服务机构和社区托育服务设施,新增示范性普惠托位 50 万个以上。2021 年 12 月印发的《十四五公共服务规划》明确提出每千人

口拥有 3 岁以下婴幼儿托位数从 2020 年的 1.8 个增加至 2025 年的 4.5 个。基于不同发展水平下的地区入托情况和我国托育服务发展的资源布局规划，可对 2025 年和 2030 年的托位数及入托率进行估算。

2025 年全国托位数将达到 636 万个，在 2020 年基础上增加 382 万个；3 岁以下婴幼儿入托率将达到 21%；新增示范性普惠托位的占比将达到 8%。

2030 年全国人口总数预计为 14.5 亿人，3 岁以下婴幼儿总数预计为 2647 万人（城镇 2061 万人，乡村 586 万人）（见图 1）。如果期望达到经合组织成员国 2014 年 34% 的平均入托率水平，则托位数需要达到 900 万个（城镇 700 万个，乡村 200 万个），在 2020 年基础上增加 646 万个，千人托位数目标也进一步从 4.5 个提高至 6.4 个。考虑到现有托位（即 2020 年的 254 万个）主要集中在城镇，需要增加的 646 万个托位，将有 200 万个分布在乡村，而分布在城镇的约为 446 万个。届时，如要保持 2025 年新增示范性普惠托位 8% 的占比，新增示范性普惠托位数需要达到 72 万个，在 2025 年 50 万个基础上再增加 22 万个。

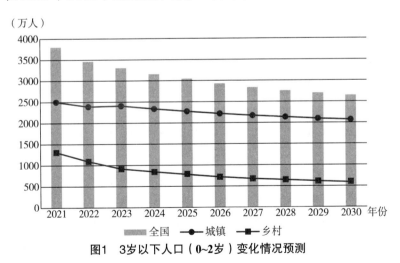

（万人）

图1　3岁以下人口（0~2岁）变化情况预测

资料来源：根据国务院发展研究中心社会和文化发展研究部人口迭代模型测算。

二、未来十年我国托育服务建设投入估算

2019 年 10 月，国家发展改革委、国家卫生健康委印发《支持社会力量发展普惠托育服务专项行动实施方案（试行）》，提出"采取补助的方式，对于承担一定指导功能的示范性托育服务机构、社区托育服务设施，中央预算内投资按每个新增托位给予 1 万元的补助"。2021 年 6 月，国家发展改革委、民政部、国家卫生健康委印发《"十四五"积极应对人口老龄化工程和托育建设实施方案》（以下简称《实施方案》），再次强调"普惠托育服务专项行动建设项目，采取定额补助的方式，按每个新增托位 1 万元的标准给予支持"。据此，2030 年仅新增示范性普惠托位的补助总额将达到 72 亿元。

从实地调研情况看，不同地区、不同规模、不同类型的托育服务，其建设成本存在较大差异。以下按照城镇地区不同规模的机构式服务、农村地区不同类型的项目服务分别进行相关投入估算。

（一）城镇地区

较大规模机构式托育服务：以江苏省南京市社区托育点为例，6 个班、每班 20 人的规模，配套装修 25 万元（按 5 年分摊，每年 5 万元），房租及维护费用每年 15 万元，玩教具每年 10 万元，人员费用每年 120 万元（按 20 人，平均年工资支出 6 万元），每年的实际总支出约 150 万元，每个托位的平均成本约为 1.3 万元。城镇新增的 446 万个托位可折算为 3.7 万个上述规模的社区托育点，按照平均每年新建 3700 个估算，到 2030

年，累计总投入为 3052.5 亿元①。

较小规模机构式托育服务：以湖北省武汉市社区托育点为例，2 个班、每班 20 人的规模，配足教职员工 8 人，场地月租金 1.5 万元（年租金合计 18 万元），教职员工月收入（含五险）约为 6000 元（年收入为 7.8 万元），一次性装修等投入 43 万元（按三年平摊，每年约 15 万元），前三年每年的投入大致为 95.4 万元，每个托位的平均成本约为 2.4 万元。城镇新增的 446 万个托位可折算为 11 万个上述规模的社区托育点，按照平均每年新建 1.1 万个估算，到 2030 年，累计总投入为 5769.5 亿元②。

实地调研还发现，城镇地区单个社区托育点（托育机构）的班级数大多为 3~10 个，班级规模大多为 15~20 人。在班级规模相同的情况下，单个托育机构的班级数越多，每个托位的平均成本也就相对越低。此外，从每个托位的建设成本来看，西部地区整体比中部地区减少 20%，而东部地区则整体比中部地区增加 15%。

据此估算，东、中、西部城镇地区较小规模社区托育点（2 个班、每班 20 人的规模）每个托位的平均成本依次为 2.8 万元、2.4 万元和 1.9 万元，较大规模社区托育点（6 个班、每班 20 人的规模）依次为 1.3 万元、1.1 万元和 0.9 万元；到 2030 年，全国平均看，城镇地区较小规模社区托育点的累计总投入大致为 5769.5 亿元，较大规模社区托育点的累计总投入大致为 2654.3 亿元③。

---

① 2021 年新建 3700 个社区托育点，需要投入 55.5 亿元，到 2030 年累计投入 555 亿元；2022 年新建 3700 个社区托育点，到 2030 年累计投入 499.5 亿元；以此类推，2030 年新建 3700 个社区托育点，累计投入 55.5 亿元。

② 2021 年新建 1.1 万个社区托育点，需要投入 104.9 亿元，到 2030 年累计投入 1049 亿元；2022 年新建 1.1 万个社区托育点，到 2030 年累计投入 994.1 亿元；以此类推，2030 年新建 1.1 万个社区托育点，累计投入 104.9 亿元。

③ 按照东部城镇地区较小规模社区托育点每个托位的平均成本，累计总投入为 6634.9 亿元，按照西部城镇地区的平均成本，累计总投入为 4615.6 亿元；按照东部城镇地区较大规模社区托育点每个托位的平均成本，累计总投入为 3052.5 亿元，按照西部城镇地区的平均成本，累计总投入为 2123.5 亿元。

（二）农村地区

儿童活动中心：以中国—联合国儿童基金会贫困地区儿童早期综合发展项目为例，建设1个儿童活动中心①除了一次性投入7万元外（包括3万元的建设经费和4万元的当年运行和人员经费），此后每年至少还需投入4万元的运行和人员经费。按每个儿童活动中心可服务50个儿童，则乡村新增的200万个托位可折算为4万个儿童活动中心，按照平均每年新建4000个估算，到2030年，累计总投入为100亿元②。

入户指导服务：以原国家卫生计生委宣传教育培训交流中心与国际救助儿童会（英国）联合开展的0~3岁婴幼儿早期发展项目为例，平均每人每年投入约500元③。按照农村地区（乡村）200万个托位（对应到每个适龄儿童），平均每年增加20万个估算，到2030年，累计将有约1100万人次④接受入户指导服务，总投入约为55亿元。

---

① 从成本类别来看，建设和运行主要包括以下四方面成本：（1）房屋改建、建设以及基本配置（可以利用或改造现有房屋建筑物，但须满足空间和设施设备的标准；由于洗手、卫生厕所等设施费用相对较高，故未对其进行估算）；（2）标准设置（简单家具、玩具、图书等）；（3）日常运行（水、电、供暖或制冷，开展健康和发育迟缓监测和体检所需、中心开展的互动活动所需的消耗性器材）；（4）劳务及补助（包括志愿者、社工、其他工作人员补助等，1个中心一般配备1名全职工作人员，在1名兼职人员支持下，在接受足够培训后可提供卫生营养以外的服务）。粗略估算，建设1个儿童活动中心的成本包括：启动成本即（1）+（2），不考虑使用与折旧，大约3万元；运行成本即（3），每年大约1.5万元；人员成本即（4），每年大约2.5万元。

② 2021年新建4000个儿童活动中心，第一年一次性投入合计为2.8亿元，后续每年再投入1.6亿元，到2030年累计投入17.2亿元；2022年新建4000个儿童活动中心，到2030年累计投入15.6亿元；以此类推，2030年新建4000个儿童活动中心，累计投入2.8亿元。

③ 原国家卫生计生委宣传教育培训中心负责与相关政府部门协调，国际救助儿童会（英国）提供项目资助经费，每年45万元，覆盖876名儿童，平均每人每年约500元。

④ 2021年新增20万个托位，累计将有20万人次接受入户指导服务；2022年新增20万个托位，累计将有40万人次接受入户指导服务；2023年至2030年，累计接受入户指导服务的人次依次为60万、80万、100万、120万、140万、160万、180万和200万。

三、相关思考和建议

根据以上估算，2025 年全国托位数将达到 636 万个，入托率达到 21%；2030 年如能实现入托率 34% 的目标，则全国托位数将达到 900 万个。2021 年至 2030 年，中央预算内投资示范性普惠性托位的补助总额将达到 72 亿元；城镇地区较小规模社区托育点的累计总投入为 4615.6 亿元至 6634.9 亿元，较大规模社区托育点的累计总投入为 2123.5 亿元至 3052.5 亿元；农村地区儿童活动中心建设及运营总投入累计为 100 亿元，入户指导服务的总投入累计将达到 55 亿元。

为更好满足人民群众不断扩大的托育服务需求，如期实现既定政策目标，需要积极推动上述建设投入尽快落地，有效增加普惠性托育服务供给。相关思考和建议如下。

（一）做好托育服务建设投入的前期规划和编制准备工作

按照国家提出的每千人口拥有 3 岁以下婴幼儿托位数的指标要求，以及《实施方案》提出的建设任务，充分考虑各地国土空间规划、服务人口和半径等情况，通过新建、改扩建等多种方式，统筹托育服务设施数量、规模和布局，构建公办机构示范指导、普惠性机构基本保障、非普惠性机构多元补充的托育服务基本格局。特别是要注重补齐设施建设短板，有效解决重点区域、重点人群的托育服务供需矛盾。

（二）明确中央和地方合理的托育服务建设投入分担比例

总体而言，中央预算内投资主要发挥引导和带动作用，地方各级政府需要履行好托育服务建设投入的主体责任。综合考虑各级经济社会发展水平和财政状况，建议农村地区儿童活动中心建设及运营、入户指导服务等投入主要由中央预算内投资承担。城镇地区社区托育点建设投入可按照《实施方案》确定的支持标准，中央预算内投资原则上按照东、中、西部地区（含享受中、西部政策地区）分别不超过平均总投资的30%、60%和80%的比例进行补助。

（三）更好发挥社会力量、机关企事业单位和其他公办机构作用

托育服务建设投入的筹资渠道并不限于中央预算内投资和地方财政，社会力量、机关企事业单位和其他公办机构都可以作为有力的支持者和参与者。更好发挥政府投入引领和带动社会投入的作用，关键是要进一步疏解社会力量进入托育服务市场的堵点和难点，采取公建民营、民办公助、购买服务等方式，鼓励和支持社会力量参与推动托育服务设施建设和运营，并依托社区提供普惠性托育服务。建议通过财政补贴、税费减免、水电气等优惠和场地、设施、部位改造等方面的支持，以及盘活闲置资产、适当降低准入门槛（消防、场地面积、楼层等）等多种方式，切实减轻机构选址难、运营成本高、风险责任大等突出问题。此外，无论是支持工业（产业）园区、用人单位等利用自有土地或设施，以单独或联合共同举办的方式建设托育服务设施，还是鼓励依托社区、幼儿园、妇幼保健机构等建设托育服务设施，都有助于缓解政府财政投入压力，拓宽普惠性托育服务供给渠道。

（四）注重能力建设，实现从业人员队伍"大而有序""质量并重"

托育服务建设投入需要"硬""软"结合，除了设施建设外，还要注重从业人员培训、家庭科学育儿咨询指导服务等方面内容。建议依托妇幼保健、公共卫生、学前教育、儿童保护、社区工作、计生、妇联等领域的基层队伍实现资源共建共享，鼓励行业协会、社会组织和专业智库研制托育服务从业人员培训课程指导标准，依托公办托育服务机构和承担指导功能的示范性、综合性托育服务中心，实行托育机构负责人、从业人员定期培训和全员轮训制度，加强相关业务指导。考虑到家庭照料仍将是主要抚育模式，要发挥卫生健康、教育等部门的专业优势和资源优势，以及公办托育服务机构的示范性和指导性作用，开发婴幼儿养育课程、父母课堂等，建设家庭科学育儿指导服务队伍，多形式、多渠道深入家庭开展宣传和指导服务，提高家庭科学育儿水平，改善家庭育儿理念和能力，巩固家庭育幼基础地位。

执笔人：佘　宇（国务院发展研究中心）

（本文成稿于 2021 年 7 月 21 日，2022 年 9 月对数据予以修订更新）

边疆民族地区实施儿童早期发展项目的思考和建议

在边疆民族地区实施儿童早期发展项目的意义重大，不仅有利于降低儿童生长发育风险，而且有助于改善儿童成长发展环境，从源头上提高人口素质。这既是保障和改善边疆民族地区民生的重要内容，也是保持这一地区长期稳定和实现经济社会可持续发展的基础性工作。但是，由于边疆民族地区经济发展水平相对落后，人口居住更为分散，社会发育程度低，实施儿童早期发展的公共政策项目往往存在成本高、难度大、不持续等问题，如何因地制宜探索适应当地特点的有效干预方式，已经成为边疆民族地区儿童健康成长过程中迫切需要解决的问题。

一、边疆民族地区儿童早期发展的基本现状

边疆民族地区儿童早期发展一直是国家和社会持续关注的重要问题。2011年国务院印发的《中国儿童发展纲要（2011—2020年）》明确提出保障儿童发展的经费投入，重点扶持贫困地区和少数民族地区儿童发展。2018年印发的《中共中央 国务院关于学前教育深化改革规范发展的若干意见》明确提出重点向中西部农村地区和贫困地区倾斜，其中边疆民族地区作为西部贫困地区的重点区域，国家也在逐步加大学前教

育投入力度，对提升边疆民族地区学前教育质量和儿童早期发展具有重要意义。

在持续的财政投入和政策支持下，边疆民族地区儿童早期发展环境得到一定改善。但是，当前边疆民族地区的儿童发展（尤其是教育和营养）仍处于比较低的水平。他们因为受到所处的自然环境（尤其是缺氧的高海拔地区）影响，普遍存在贫血率高、身高发育迟缓等问题。2020年，中国发展研究基金会与中国儿童中心联合开展的"贫困地区儿童大调研"显示，西南儿童生长迟缓率分别是全国平均水平的2.1倍，西南脱贫地区0~3岁儿童中超过1/3存在发育迟缓的问题。与此同时，边疆民族地区儿童养育不够科学的现象也较为普遍。特别是牧区集中作业的方式使得儿童父母出现"季节性"陪伴缺失，儿童以隔代抚养为主，养育观念以传统放养为主，现代养育信息相对闭塞，缺乏接触科学育儿观念的渠道。

以西藏自治区拉萨市尼木县为例。2019年，中国人民大学中国调查与数据中心和中国发展研究基金会联合对该县261名儿童进行了基线评估调查。调查反映，该县0~3岁儿童养育存在两大问题：一是0~3岁儿童生长发育水平与全国平均水平存在较大差距，其中早产率和出生低体重率高于全国平均水平（近5个百分点），CREDI发育筛查得分[①]也反映该县儿童的语言、运动、社会情绪和认知能力较弱；二是普遍存在养而不育和育儿不当的问题。在隔代抚养为主的情况下，主要照料人家庭中儿童主要照料人的受教育水平偏低（60%由教育程度集中在小学及以下的祖辈照料），缺乏科学育儿知识，间接导致儿童屏幕暴露风险较大（41.74%的儿童屏幕暴

---

① Caregiver-reported Early Development Index（CREDI）是由美国哈佛大学Dana Charles McCoy教授开发的针对0~3岁儿童的发育评估，从运动、语言认知和社会情绪三个方面评估儿童的发育情况，已经在16个国家测试推广。

露时间每天超过 1 小时）。

在家庭养育欠缺的情况下，政府的政策干预十分必要。在这方面，部分地区已具备一些有利条件。以西藏山南的森布日搬迁安置点[①]为例，易地搬迁作为当地脱贫的措施之一，为儿童早期发展的公共服务项目开展营造了良好环境。一是居民家庭居住相对集中。政府统一建设独门独院、两层小楼的"藏式联排别墅"免费向一期搬迁居民提供，二期正在建设电梯房用于下一步的搬迁居民安置。这给"集中式儿童早期发展服务供给"提供了地理环境和交通方面的优势。二是公共服务配套到位。卫生院、幼儿园、小学以及其他生活类服务设施在安置点均同步配套建设并已投入使用，搬迁居民能够较为便捷地获得相关公共服务，也有利于更好利用相关资源支持儿童早期发展项目的实施。

即便在上述异地搬迁地区，大规模的政策干预也存在一些制约因素。一是脱贫攻坚巩固的新阶段，当地面临国内国外的双重"稳定、发展"任务，事务繁杂但人手有限。除了政府人员外，当地居民也在适应新的生活环境。例如，异地搬迁后带来的生活习惯、生活方式以及周围环境等方面的适应过程，会对当地儿童及其家庭带来适应力的挑战。二是配套的公共服务资源仍待进一步优化，存在硬件设施完善但软件环境薄弱、优质人才服务资源缺乏等问题。三是当地缺乏具备科学育儿技能的服务团队，难以开展专业咨询和入户指导。

---

① 森布日作为生态搬迁安置点，目前一期搬迁了那曲高海拔地区的4个乡（双湖县雅曲乡、嘎措乡、措折羌玛乡，安多县色务乡），共13个行政村，涉及957户、4058人，涉及3岁以下儿童近300名（其中，搬迁后新出生的约占一半）；森布日二期搬迁计划为尼玛县吉瓦乡、俄久乡，以及双湖县多玛乡、协德乡、巴岭乡、措罗镇，共涉及6306户、26304人；森布日三期搬迁计划为安多县帮爱乡、扎曲乡、岗尼乡、强玛镇，以及尼玛县阿索乡、中仓乡，共涉及2748户、11243人。三期搬迁计划完成后，拥有4.1万人口的森布日将成为西藏自治区5大城市之一。

二、吉木乃县和尼木县"慧育中国"项目：探索、成效及挑战

"慧育中国：山村入户早教计划"是中国发展研究基金会在农村边远地区开展的一项针对6~36个月儿童进行养育指导和营养干预的社会实验项目。项目通过组建三级项目团队（总督导—督导员—育婴辅导员），对在村妇女进行培训，由她们开展入户家访活动进行代际同步干预，每周入户一次对儿童及其照护人进行同步指导，指导内容是中国发展研究基金会与相关科研机构在脑科学、儿童发展心理学基础上以月龄为发育单位设计编写的课程，课程通过游戏、讲故事、唱歌等形式为家庭科学养育行为提供示范。截至2020年底，该项目已在新疆、西藏等10个省（自治区、直辖市）的11个县成功试点，覆盖94个乡镇的941个村，1007名育婴辅导员对12482名儿童开展入户家访服务，累计超过17500名儿童受益。第三方评估显示，"慧育中国"项目有效促进了儿童语言和认知能力发展，改善了看护人养育行为和家庭养育环境。

（一）主要做法和初步成效

"慧育中国"自2017年在新疆吉木乃县和2018年在西藏尼木县试点以来，均实现了项目的全面覆盖。在当地政府大力支持下，项目形成了较为成熟的工作模式。第一，每周为项目家庭提供1次60分钟左右的汉语家访。以既定教材为家访依据，指导家长与幼儿进行各类游戏活动，为家长提供幼儿膳食、喂养建议，提升家长的亲子互动技巧。第二，开展幼儿营养干预，督导并跟踪6个月至24个月幼儿营养包项目实施情况。第三，

开展儿童早期发展社会试验，进行信息化管理和相关研究。运用项目自主研发的"慧育中国"项目 App、家访日记等平台，管理家访次数、家访时间、家访内容等信息，提升项目的管理水平和执行质量，建立儿童早期发展水平数据库，深化拓展相关政策研究。

调查显示，"慧育中国"项目在吉木乃县和尼木县均取得良好成效。截至 2021 年 6 月，吉木乃县全县 1400 余个农村家庭从项目中受益，育儿观念、育儿环境和育儿行为模式明显转变，家长养育行为平均合格率高达 93.27%，相对于基线调查平均提高了 27.23%。6~36 个月农村婴幼儿得到了良好的早期养育干预，儿童健康质量明显提升，低体重率、生长迟缓率和消瘦率均低于全国贫困地区农村儿童平均水平。儿童智力发育明显提速，终期评估智力筛查平均总分高出基线 24 分，儿童动作行为明显增强，社会情感明显丰富。吉木乃县政府于 2020 年 5 月签订项目接管协议，承担项目运营的部分资金，确保这一项目的持续运行。

2020 年 12 月关于尼木县项目的终期调研显示，受干预儿童的发育筛查得分显著高于基线调查时的水平。追踪调查儿童的平均身长、体重和头围与基线相比均有不同程度的增加；追踪调查儿童的低体重率、生长迟缓率和消瘦率与基线相比均有不同程度的下降；追踪调查儿童的贫血率下降幅度明显。基于项目试点所取得的积极成效，尼木县政府在财力十分紧张的情况下，主动承担 4 个乡镇项目人员以及运营费用，这为儿童早期发展干预从社会实验转变为政府公共政策提供了良好示范。

此外，吉木乃县和尼木县"慧育中国"项目均采取汉语和当地少数民族语言结合的双语入户家访的干预方式，为当地 0~3 岁儿童接触汉语提供了契机。已有研究显示，双语教学对婴幼儿大脑发育有正向刺激作用。相较于单语种的成长环境，从小学习双语的婴幼儿在学习方面表现得更为优异。同时，儿童及其照护人国语水平的提升，对于增强国家认同感、促进边疆地区安全稳定，具有重要作用。

（二）基本经验和面临的问题

吉木乃县和尼木县"慧育中国"项目的顺利实施，得益于以下几方面因素。一是政府高度重视。县委书记作为领导小组组长，县卫生健康委牵头抓总，县教育局积极参与配合。二是项目组织有序、工作基础扎实。项目设置"总督导—乡镇督导—家访员"三级人员体系。县、乡两级督导员由县教育局和乡镇的干部兼任或者社会招聘全职督导，负责监督指导家访员，并定期组织开展小组活动，每名督导员所负责的家访员数量原则上不超过 8 名。家访员大部分需要初中毕业且能使用哈、汉或藏、汉双语交流，且尽可能招聘本村本组的家访员，并接受内地教师培训。家访员每周为家庭提供家访服务，每人负责的家庭原则上不超过 14 户。家访员由督导员负责考核，考核结果逐级上报。三是人才培养专业化、系统化。在家访正式启动以前，督导员和家访员需经过系统专业性培训。培训老师均由具有丰富的家访经验的牙买加国际家访项目专家担任，培训内容涉及整套家访课程内容、家访流程、人员管理、项目管理等。项目的实施推进，不仅使督导员和家访员得到锻炼成长，也提高了乡镇、村居对儿童早期发展重要性的认识。四是行业协会积极发挥作用。西藏自治区母子保健协会全程参与尼木县项目的实施，通过县、乡两级督导提交月度报告、家访员按时集体备课，以及入户进行"暗访"等形式，规范和了解项目工作实施进展情况。

当然，吉木乃县和尼木县"慧育中国"项目也面临一些亟待解决的问题。一是存在人员稳定性不足的问题。由于儿童家庭居住分散，家访路途太远、待遇也偏低，出现了部分家访员辞职的情况。二是存在工作积极性不足的问题。部分乡（镇）干部兼任督导员，承担正常工作之外的工作量，但无法获得必要的补助和考核激励，参与积极性不高。三是存在项目服务衔接不足的问题。项目与后续的学前教育服务有效衔接需要加强。尼木县的"慧育中国"项目为部分超龄儿童[①]提供延续服务，既需要对家访员持续增加投入，也面临儿童之间缺乏互动交流环境、干预效果弱化的困境。四是吉木乃县和尼木县虽然退出了国家贫困县的序列，但是巩固脱贫成果任务仍然十分艰巨，将"慧育中国"项目全部纳入财政保障的难度较大。

三、相关思考和建议

吉木乃县和尼木县"慧育中国"项目实践，对于边疆民族地区实施儿童早期发展项目、打造"幼有所育"示范点都具有重要的参考价值，其现存问题及挑战也具有一定的普遍性，需要在后续工作中不断解决。为提高边疆民族地区儿童早期发展水平，保障和改善边疆民族地区儿童福祉，推动"慧育中国"项目从社会实验转化为公共政策还需继续努力。

（一）因地制宜，加深儿童早期发展项目与本土发展的嵌套程度

根据边疆民族地区的人口结构、经济状态以及民族特色，培养当地服务团队，改编本土化的教材，因地制宜开展项目，将儿童早期发展与本地民生实事紧密嵌套。在项目运行和质量把控的过程中，干预模式、服务团队以及课程等方面的因地制宜有助于提升项目质量和当地群众对项目的满意度。从干预模式来看，选择"中心式"或"入户式"需要根据当地硬

---

① 3岁以上但因居住过于分散无法安排就近入园的儿童。

件条件来定。在有条件的地方，可以依托村委会（居委会）、幼儿园等已有公共设施甚至闲置用房，设置或"嵌入"儿童发展中心（兼有项目办公室、育儿辅导站、校外活动室等功能），也鼓励更多的家长定期来中心参加集体活动，并将之作为传递家风文明、调解基层矛盾、举办家长课堂、开展亲子活动的重要场所。不具备机构集中提供服务的地方，也可以采取家访入户提供养育辅导服务。例如，在吉木乃县，"慧育中国"项目借用当地幼儿园的场地开展周末的"亲子中心"活动，而在尼木县则只采取入户家访式的干预模式。

从服务团队来看，儿童早期发展项目通过培训一批扎根当地、了解当地婴幼儿照护习俗并具备科学的婴幼儿照护服务知识的队伍，在调动当地富余的女性劳动力的同时，也提高了项目在当地的接纳度，这对于项目团队的稳定性及项目运营的可持续性具有重要作用。因此，建议根据边疆民族地区实际，建立不同层次的家访员队伍体系，试点初期，一线家访员主要从附近具有一定文化程度的志愿者中补充，逐步提高学历层次。切实做好家访员的相关培训，规范服务流程，充分发挥督导员的督导作用；针对部分家访员年龄普遍较为年轻的现状，可以采取"年轻家访员＋妈妈志愿者"结对入户指导的形式。确定家访员待遇基准额度，综合考虑服务半径等因素，适当提高补助额度；对于"年轻家访员＋妈妈志愿者"的入户指导模式，允许尝试补助分配的不同形式（甚至适当提高基准额度）并在实践中不断改进。

从课程角度来看，儿童早期发展项目应根据地方的风俗特点来进行内容的本土化。例如，吉木乃县儿童普遍贫血，那课程中就会注意增加对应的营养膳食指导内容，也会在动物认知环节增加牦牛等当地特色的物种。

（二）政策导向，推动儿童早期发展项目的可持续发展

地方政府接手儿童试点项目面临的最大挑战仍在于经费投入问题，仅靠项目资金本身推动儿童早期发展项目的可持续发展是极为困难的。鉴于国家历来高度重视边疆民族地区各项民生事业的发展，优惠政策很多，投入力度也大。无论是项目试点初期，还是项目提升质量阶段，都应充分利用互联网等信息化手段加强服务效果的评估，创新思路和运营模式，重点考虑将项目转化为公共政策乃至民生工程的可行性及有效路径，推动构建项目的可持续发展模式。这方面尼木县的做法可以借鉴。尼木县财政收入约 1.7 亿元，按规定需将 20% 投入教育领域（约 3450 万元），其中就包括"慧育中国"项目中 4 个乡镇的项目投入。

（三）将儿童早期发展项目和不同阶段的国家专项相结合，吸引资源倾斜

应将儿童早期发展项目与国家专项和地方相关民生工程项目合并实施。例如，可将儿童早期发展项目与当地的"十四五"规划、乡村振兴战略相结合，将儿童早期发展问题与边疆民族地区"稳定、发展、生态、强边"治理目标相结合。这既有利于争取中央政策（经费）支持、提高资源管理和使用效率，也有利于压实部门责任、更好发挥政府作用，还有利于避免出现很多类似项目普遍存在的项目周期结束后事业发展停滞的问题。

（四）整合资源，用好"组合拳"推动形成儿童早期发展项目的社会合力

儿童早期发展绝不仅局限于儿童个体的健康成长和人力资本提升，从某种意义上说，此类为儿童提供服务的项目也将成为家庭幸福感的重要来

源，以及巩固脱贫攻坚成果、实现乡村振兴的重要抓手，乃至促进家庭和谐、推进基层社会治理的重要途径。对于边疆民族地区来说，应重视儿童早期发展所带来的深远影响与持续减贫、稳定发展的契合之处，将儿童早期发展项目纳入经济社会总体规划，保障项目实施的连续性，更好发挥儿童发展与持续减贫之间的双向助力作用。

应充分整合资源，积极探索适宜的服务提供方式。以项目为平台或载体，将当地教育、卫生、妇联、民政、残联等部门以及其他社会组织、行业协会、专业智库甚至企业涉及儿童的各类资金整合，并增加资金使用的透明度。在项目试点初期要充分发挥政府作用，以儿童为中心，将家访员、幼儿教师（幼教志愿者）、公共卫生人员、妇联干部、基层社工以及家长等各类人员整合，各司其职、通力合作。

执笔人：李雨童（中国发展研究基金会）

佘　宇（国务院发展研究中心）

（本文成稿于 2021 年 7 月 26 日）

鼓励企业参与提供托育服务的思考和建议

党的十九大以来，加快推进"幼有所育"成为党和政府保障和改善民生的重要工作内容之一。2019年4月印发的《国务院办公厅关于促进3岁以下婴幼儿照护服务发展的指导意见》明确提出，要"鼓励通过市场化方式，采取公办民营、民办公助等多种方式，在就业人群密集的产业聚集区域和用人单位完善婴幼儿照护服务设施""支持用人单位以单独或联合相关单位共同举办的方式，在工作场所为职工提供福利性婴幼儿照护服务，有条件的可向附近居民开放"。2020年12月印发的《国务院办公厅关于促进养老托育服务健康发展的意见》再次强调，要"推动有条件的用人单位以单独或联合相关单位共同举办的方式，在工作场所为职工提供托育服务。支持大型园区建设服务区内员工的托育设施"。2021年6月国家发展改革委等部门印发的《"十四五"积极应对人口老龄化工程和托育建设实施方案》进一步明确指出，"支持工业（产业）园区、用人单位等利用自有土地或设施新建、改扩建托育服务设施，普惠托位要向社会开放提供"。推动企业等用人单位参与提供托育服务，已成为当前和今后一段时间我国托育服务体系建设的重要内容。

一、鼓励企业参与提供托育服务意义重大

（一）拓宽普惠性托育服务供给的重要渠道

《中共中央 国务院关于优化生育政策促进人口长期均衡发展的决

定》提出"实施一对夫妻可以生育三个子女政策及配套支持措施"，再次明确强调"发展普惠托育服务体系"。对国家和全社会而言，通过企业等用人单位提供托育服务，可以在缓解公共财政支出压力的同时，进一步拓宽普惠性托育服务的供给渠道，满足人民群众不断扩大的托育服务需求。

企业等用人单位提供托育服务，不仅可以扩大托育服务投入总量，增加普惠性托育服务资源，提高托育服务质量，从而有效解决托育服务存量不足、增量困难、质量不高的问题，而且能够在不过度增加公共经费支出的前提下缓解女性在传统性别分工下的育儿压力，鼓励和促进女性就业，增加劳动力市场供给，在实现社会经济效益的同时更好促进社会性别平等。更为重要的是，相比于其他类型托育服务机构而言，企业可以根据用工特点提供更符合员工实际需求的托育服务内容。例如，根据员工上下班时间、倒班等情形延长或调整托育时间、提供夜间托育等。

（二）改善企业文化和工作效率的积极做法

对企业而言，为员工提供托育服务，不仅能有效解决员工托育问题，更好地平衡工作和家庭，降低女性员工生育后离职的概率，避免企业人才培养资源投入的浪费；而且有助于改善劳动关系，提高员工工作效率和积极性，建立包容性的企业文化，最终为企业带来更大经济效益和社会效益。

家庭是人口再生产的重要场域，是聚集托育需求的重要场所；企业是经济生产的主要场所，是解决托育需求的重要场所，为员工提供托育服务可以有效减少社会生产和人口再生产之间的矛盾。托育服务的短缺可能会导致企业更高的离职率和旷工率，从而降低企业生产效率。2004

年，一项针对美国 305 家企业的调查发现，因照料子女导致员工缺席的问题，大约给企业带来每名员工每年 610 美元的损失[①]。可见，企业若能提供方便、可及、优质的托儿设施，将有助于降低此类损失，进而稳定企业的运作与生产能力。众多国内外成功案例也表明，企业提供托儿设施，不仅能成为吸引优秀人才的重要因素，有助于减少企业在招聘、培训方面的支出；还能提升员工的忠诚度和留任率，增强员工归属感和企业的向心力。

（三）减轻养育压力和促进家庭和谐的有效途径

企业参与提供托育服务是促进"工作—家庭"平衡、建设"家庭友好型"组织的重要举措，是企业承担社会责任的具体体现。

对员工及其家庭而言，企业提供托育服务具有多重积极作用。第一，企业参与办托可以有效解决"入托难、入托贵"等问题。就近入托可以实现"带着孩子上下班"，全方位减轻员工家庭养育的经济压力和精神压力，避免女性因生育导致职业间断。第二，企业参与办托可以改善亲子关系和促进儿童早期发展。企业办托不仅可以方便员工在工作空闲时看望孩子，增进亲子关系，还有助于提高母乳喂养率，对婴幼儿认知和非认知能力的发展有重要作用。第三，企业参与办托可以减轻隔代照料负担和改善老年生活质量。就近入托给原本需要承担照料幼儿职责的老人减了负，提升了老年人的生活质量，在"幼有所育"的同时实现"老有所乐"。

---

① Hipp L, Morrissey T W, Warner M E. Who Participates and Who Benefits From Employer - Provided Child - Care Assistance? Journal of Marriage and Family. 2017，P617.

二、企业参与提供托育服务面临的主要困难和挑战

从世界范围看，企业为其员工子女提供托育服务也有不少成熟的做法。谷歌、微软、高盛集团等国际知名企业 21 世纪初就开始在其全球许多办公室设立了儿童中心，为其员工子女提供照护服务。企业参与提供托育服务在我国也并非全新举措，在计划经济时期企业举办的托儿所一度长期占据托育服务的主体地位，1989 年我国由国家和企业提供的幼儿托育服务机构曾占到 90% 以上。自 1995 年国家提出主辅分离、企业分离办社会职能政策后，大部分企办园被剥离、转让甚至停办（程秀兰等，2012）。在此之后很长一段时期内，是否要鼓励企事业单位重新参与到托育服务中来，在国家层面仍缺乏明晰的政策导向。近年来，上海、深圳、杭州等城市进行了一些探索，如出台相关政策规范企事业单位通过自有资金为本单位职工子女提供公益性托管服务，并为符合条件的企业提供一定经济补助，等等。当前，鼓励企业参与提供托育服务已经被纳入国家顶层政策设计之中，但在大多数地区，企业参与提供托育服务的具体操作和实施仍面临不少困难和挑战。

（一）持续投入成本高，经营压力较大

投入成本高和运营压力大是企业参与提供托育服务面临的主要挑战。当前，各地对企业参与提供托育服务的鼓励和支持方式单一，难以有效激发企业服务积极性。多数地区对企业提供托育服务的支持方式往往仅限于经济补助，且补助力度小，难以对企业形成有效的吸引力。在武汉的实地调研中，多数企业建议政府提供更多实质性支持政策。在一

些发达国家，政府往往还会采用税收政策鼓励企业提供托育服务，例如，法国、韩国等对举办托儿所的企业给予一定程度的税收优惠（和建花，2008；刘璐婵，2015）。

与一次性建设成本相比，托育机构需要承担持续运营成本是企业面临的痛点，包括场地租赁、基础设施设备更新和维护、师资人力成本、饮食和其他运营费用等，这些无疑会持续地增加企业支出。根据被调研企业反映，因托育机构的建设标准与师资配比标准要求均高于幼儿园，且婴幼儿班额也比幼儿园班额人数低，企业需要投入更多资金、设备和人力，经营压力增大。一些中小型企业可能会因为场地受限、运营成本大等问题无力承担。即便是那些经济效益好的大企业，也可能由于担心能否长期吸引足够生源，能否形成规模效应和"成本－效益"平衡，缺乏投资意愿。而且，国家在政策层面普遍要求企业等用人单位按照"普惠性、福利性"的原则向本单位职工子女提供托育服务，仅允许其收取较少费用或完全免费，这就意味着需要企业来承担部分甚至全部托育费用，对于营利性质的企业而言，恐难激发其积极性。

（二）缺乏专业规范的业务指导

缺乏专业规范的业务指导是当前企业参与提供托育服务不足的重要因素。2019 年，国家卫生健康委组织制定了《托育机构设置标准（试行）》和《托育机构管理规范（试行）》。但是，尚未全面出台企业提供托育服务相关的指导政策，企业如何介入、是否合规也尚未明朗，这些都有待于相应政策为企业办托破冰。而且，与学前教育类似，托育服务的专业性也很强，需要根据不同年龄婴幼儿的需求进行差异化设计。而一般企业往往缺乏专业基础、师资力量、方式方法，也无明确的课程指导。这在一定程度上导致了托育机构准入和监管方式单一，难以适应企业发展需求。有的政策涉及的设置标准、管理要求对所有企业都采取"一刀切"的模式，对不同类型和规模的企业而言，实际落实存在困难。因此，要企业自主提供专业的托育服务仍有很大的挑战。

（三）安全和质量的风险预期较高

安全和质量是家长对托育服务的最基本要求。近年来，随着托育服务需求激增，一些个人和社会组织开始涌入托育服务市场，但由于场地设计不合理、人员素质不合格、餐饮质量不达标等原因导致安全问题频发。这一方面与没有明确的托育机构发展顶层制度设计、国家管理公共托育机构的相关制度、准入门槛等还没有建立有关；另一方面也与监督和管理不到位，托育市场鱼龙混杂有关。

企业作为托育服务的提供者，在安全标准、设施投入、人员配备、教师资格、餐饮标准等方面尚无明晰的规定，而且对大多数企业而言，并不具备托育服务相关经验，要确保托育安全和质量，满足家庭的实际需求，存在一定难度。目前，我国正处于托育体系建设的过程中，很多关键性问题亟待解决。企业办托的合规性、具体实施标准、安全和质量的把控等都还没有明确的制度规定。一旦在办托过程中出了问题，对企业而言就会出现"好心办坏事"的局面，极有可能会影响企业的经济效益和社会效益。不仅会导致员工对企业提供服务的信任度下降，影响企业办托生源，还会降低员工对企业整体的满意度和忠诚度，造成人员流失、招聘困难等问题。若出现严重问题，甚至可能导致企业陷入经营危机。

（四）社会舆论环境复杂

自计划生育政策实施以来，家庭受少子化影响，对子女的养育和教育越来越重视。在儿童早期发展方面，集中体现在家庭对托育机构的品牌、服务的质量等方面的"高要求"和"严关注"。加之互联网媒体时代，一旦在服务过程中发生问题，便会迅速曝光，媒体也会极度渲染，对服务机构造成极大的影响。儿童安全和健康问题虽然被置于最重要位置，但事无巨细的密集监控不仅会给家长带来焦虑，也会给托育机构带来巨大的舆论压力，从而挫伤其参与积极性。

三、相关思考和建议

（一）加大政策和财政支持力度

为促进企业参与提供托育服务的健康持续发展，建议在政策和财政上对企业尤其是中小微企业进行鼓励和支持，解决企业参与托育服务供给的后顾之忧。除了对企业办托给予一定的经济补助外，还可以联合住房和城乡建设、国家发展和改革委员会等部门，出台相关政策，为企业在办托所需的土地、建筑物、设施租赁方面给予优先安排，并对一些租赁费用适当减免；税务部门可以制定相关税收条例，为提供托幼服务的企业提供税收优惠，把其投入员工托幼服务的支出作为职工福利费纳入企业税前项目；充分落实《中国银保监会关于推动银行业保险业支持养老、家政、幼托等社区家庭服务业发展的试点方案》，在支持企业提供托育服务的同时，也引入新的保险产品，为包括企事业单位在内的托幼服务主体提供更多的保险保证。

（二）选择适当、有效的托育服务类型

为促进企业通过多种方式参与提供托育服务，建议政府为企业选择适

当、有效的托育服务类型提供规范性指导。一是政府应在政策层面明确企业的主体地位，赋予其承办托育服务的合法地位，并对其在准入资质、运营标准、管理规范、各方责任等方面提出明确的要求，让企业"有法可依""有章可循"。制定相关标准规范时，要重视听取企业的意见和建议，简化有关审批程序。二是在监管和评估方面要注意有效、合理、因地制宜，除安全、卫生等刚性指标外，其他限制性条件可适当放宽，例如，对活动场地面积的要求可以根据企业园所规模大小进行灵活调整。三是指导企业根据自身实际情况选择适当、有效的托育服务类型。有条件的大中型企业可以独立开办托幼机构，有闲置托位的可面向社会提供服务；规模小或低龄儿童少、自办有困难的企事业单位可以由园区统一办，或与附近单位、街道社区合办等。

值得注意的是，我国 95% 以上的企业主体是中小企业，真正能够独立举办托育机构的比例相对较低。因此，对于没有条件或者不愿意自办托育机构的企事业单位，可通过为职工发放托育补贴或补助、与托育服务优质第三方进行合作购买托位等方式，解决职工托育需求问题，既保证托育服务质量，也减轻企业负担。

（三）营造更加友好的政策环境

政府应在政策、监管和服务等方面综合施策，为企业等用人单位提供托育服务创造"使能"环境。一是提高企事业单位管理者的认识和重视程度，提供必要的引导和信息咨询；组织专业机构或专家定期为托育从业人员提供免费的专业培训和能力建设辅导，为托育服务人员和机构建立连接，帮助企业更好地开展专业化服务。二是创建托育信息分享平台。作为托育机构登记和备案、综合信息汇集和管理，企业典型案例和做法分享的一站式窗口。三是鼓励企事业单位工会牵头成立婴幼儿照护互助组织，参与本单位托育机构的服务监督评价，提高员工对企业提供托育服务安全性和科学性的认可度，定期组织员工为托育机构提供各类志愿服务，提高员工参与企业托育服务的积极性，提升企业文化的包容性。

需要指出的是，企业等用人单位不仅局限于作为托育服务机构举办主体的单一角色存在，而且应该作为政府和家庭之外的"社会"部分更好参与提供托育服务，为家庭提供育儿支持。此外，用人单位的很大一部分应该是机关事业单位，其参与提供托育服务面临的困难和挑战与企业既有相似之处，也有区别（例如，不存在经营方面的问题），需要在相关政策环境营造时通盘考虑。

（四）形成良性循环的互助服务机制

良好的信任基础是企业参与提供托育服务的重要优势。与一般性托育服务机构相比，企业办托的服务范围主要是本单位职工，职工群体内部的同质性有助于提升服务提供者和接受之间的彼此信任，同时部分有条件的职工可以作为志愿者参与到托育服务里面去，实现家园共育，提高企业内部融合度。

为充分发挥企业参与提供托育服务的天然优势，建议在推动企业等用人单位提供托育服务的同时，继续落实其他家庭友好型政策。例如，推广弹性工作制，方便家有幼儿的父母灵活安排工作时间和地点；充分落实产假、陪产假、哺乳假和生育津贴等政策，确保现有的产假政策能够覆盖更多人群；对因工作等特殊情况无法享受集中休产假的人群，应采取灵活措施保证其劳动权利；参照国际经验，逐步将产假、陪产假向育儿假过渡，由家庭根据实际情况安排父母分别使用；为鼓励父亲参与育儿过程和促进就业市场的性别平等，对父亲休假天数进行明确规定，防止母亲因生育遭受就业歧视。家庭友好型政策不仅对增进个人幸福感、促进儿童发展和家庭和谐具有重要意义，而且对企业职工参与互助托育或志愿托育服务也可以提供相对充足的时间和空间，有助于推动企业内部形成良性循环的互助服务机制，提升企业内部凝聚力。

执笔人：佘　宇（国务院发展研究中心）

郝志荣（中国国际发展知识中心）

史　毅（中国人口与发展研究中心）

（本文成稿于 2021 年 7 月 28 日）

参考文献

[1] 程秀兰，陈晖，刘冬雨等.企办幼儿园发展的困境与出路[J].学前教育研究，2012（3）：20–24.

[2] 和建花.法国家庭政策及其对支持妇女平衡工作家庭的作用[J].妇女研究论丛，2008（6）：70–76.

[3] 何盼盼.有条件的企业自办幼儿园值得鼓励[N].证券时报，2019年5月28日（A03）.

[4] 刘璐婵.儿童照料社会服务："工作母亲"的福利——以北欧和日韩为例[J].人口与社会，2015–31（4）：97–105.

[5] 刘中一.公共服务民营化趋势与我国策略选择——以托育为例[J].学术探索，2019（5）：34–40.

[6] 刘中一.从西方社会机构托育的历史趋势看我国托育机构的未来发展[J].科学发展，2018（3）：42–48.

[7] 刘中一.多措并举 加强0～3岁幼童托育工作[J].人口与计划生育，2016（11）：25–26.

[8] 阡陌.企业办托育机构 政策破冰要跑在前面[N].南方都市报，2018年2月2日（7）.

[9] 曲征.企事业单位恢复自办幼儿园还需多加思考——对于企事业单位自办幼儿园，千万别一时冲动[J].甘肃教育，2018（5）：18–18.

[10] 北京企事业单位能否全面恢复自办幼儿园？[EB/OL]. http://www.sohu.com/a/219540815_523366.

以系统配套措施推动三孩生育政策全面落地

2021 年 6 月 26 日，《中共中央 国务院关于优化生育政策促进人口长期均衡发展的决定》作出"一对夫妻可以生育三个子女"的重大决策。为了落实中央决策部署，应构建积极生育支持政策体系，推动三孩生育政策有效落地，重在出台一系列有助于缓解育儿压力、满足生育意愿的配套支持措施。

一、加快发展普惠托育服务体系，进一步巩固家庭育幼基础地位

近几年，我国出生人口持续下降。其中，社会化托育服务的有效供给不足是重要原因之一，大中城市、贫困农村等重点区域以及留守、流动、家庭经济困难儿童等重点人群的供需矛盾尤为突出。加快发展托育服务体系，已成为降低家庭生育成本、提高家庭生育意愿和养育能力的重要举措。

家庭是养育、教育子女的主体，但随着人口结构和生产方式变化，家庭育幼越来越受到工作时间、生活成本等因素制约。加强家庭养育能力，巩固其育幼基础地位，越来越有赖于家庭之外的政府、市场和社会力量等多方面支持。政府要为家庭提供科学养育指导，改善育儿理念和能力，营造良好社会氛围，完善相关政策，并为困难家庭提供兜底保障服务；也要疏解社会力量进入托育服务市场的堵点和难点，采取公建民营、民办公助、购买服务等方式，鼓励和支持社会力量依托社区提供公共服务。通过

财政补贴、税费减免、水电气等优惠和场地、设施、部位改造等方面的支持，以及盘活闲置资产、适当降低准入门槛（消防、场地面积、楼层等）等多种方式，切实减轻机构选址难、运营成本高、风险责任大等突出问题，并对其行为和质量进行监管。支持工业（产业）园区、用人单位等利用自有土地或设施，以单独或联合共同举办的方式建设托育服务设施。鼓励幼儿园、妇幼保健机构等利用现有资源建设托育服务设施。

扩大托育服务供给，要在政策法规、标准规范和服务供给三个体系建设上力求成效，近期工作重点应是调整存量、用好增量、提高质量。其中，调整存量就是要充分利用各部门的服务平台和基层阵地开展托育服务，创新协作、资源整合和优化提升，避免重复建设，发挥综合效益；用好增量就是要优先关注重点区域、重点人群的供需矛盾，解决其难以从家庭、社会和市场获得充分照顾、养育和早期教育的问题；提高质量就是要加强专业化人员队伍建设和家庭科学育儿指导，建立优质高效的质量控制与行业监管机制。充分考虑各地国土空间规划、服务人口和半径等情况，通过新建、改扩建等多种方式，统筹托育服务设施数量、规模和布局，构建公办机构示范指导、普惠性机构基本保障、非普惠性机构多元补充的托育服务基本格局。特别是要注重补齐设施建设短板，有效解决重点区域、重点人群的托育服务供需矛盾。

二、扩大优质教育资源供给，优化教育资源配置

近年来，我国在促进教育公平和提升教育质量方面取得了积极进展。但总体上看，城乡、区域、学校、群体间教育资源配置仍不够均衡，办学

条件和师资水平还存在差距，教育与经济脱节情况还比较突出。

在生育政策调整新时期，更应进一步加快推进教育事业改革和发展，不断提高保障和改善教育民生水平，努力让每个孩子享有公平而有质量的教育。科学规划公办园资源布局，多渠道挖潜增量，加大对农村和学前教育资源短缺地区的政策扶持力度，扩大普惠性幼儿园供给和覆盖率。调整优化城乡教育资源配置结构，深入推进义务教育优质均衡发展，进一步缩小学校之间办学条件和教育质量等的差距，持续改善农村基本办学条件，有序扩大城镇学位供给。加强普通高中学校、中等职业学校和中西部本科高校建设，提升学生资助水平，积极采取鼓励高中阶段学校多样化发展、增强职业教育适应性、提高高等教育质量等关键措施，优化教学内容和方法，完善实习实训体系，强化实践导向，加大实践性课程比重，注重创新型、复合型和应用型人才培养，增强人才培养模式与经济社会发展需求的适应性，进一步提高毕业生的就业质量。

加强师德师风建设，不断提升教师专业素质能力，保障教师权益，教育投入更多向教师队伍建设倾斜，切实提高教师特别是基层和农村教师待遇，倡导全社会尊师重教。大力推进教育信息化，努力以信息化为手段扩大优质教育资源覆盖面，增进优质资源共建共享，以教育信息化带动教育现代化。

三、加大学生"减负"执行力度，有效缓解家庭子女教育支出压力

我国已经建立起覆盖学前教育至研究生教育阶段的国家资助政策

体系，政府主导、学校与社会广泛参与的"三位一体"资助格局基本稳定，从政策上基本实现了"不让一个孩子因家庭经济困难而失学"。当前，导致部分家庭子女教育支出压力大的主要原因是不均衡的教育资源和不合理的教育评价体制，加剧家长对子女学习成绩和升学的焦虑，产生课业课外辅导、培训班或请家教等方面的巨大支出，不仅形成巨大的经济压力，也耗费了家庭大量的时间和精力，进一步抑制生育意愿。

缓解家庭负担，除了加快优化教育资源配置、缩小教育差距外，关键是进一步深化教育教学和考核评价改革，推动学习内容回归校园，提高课堂教学质量、优化课程设计，进一步优化幼升小、小升初等选拔性评价，丰富学生在校活动内容，更好发挥中小学校课外服务主渠道作用，清理规范各类竞赛活动，切实减轻中小学生校内外课业负担。进一步推进校外培训机构治理，引导其真正成为学校教育的有益补充，更多提供有益于学生身心健康发展、兴趣爱好培养以及创新思维、德育、体育、美育和劳动实践的服务，鼓励有利于加强素质教育的兴趣特长类校外培训，允许有利于实现教育均衡的补差型学科类校外培训，进一步规范培优型学科类校外培训，重在防止"培优"扩大化和应试化，营造更加良好的校外环境。

此外，还应发挥家庭、学校和社会各自的特点和优势，构建家校社协同育人的实践机制，进一步加强"减负"行动及相关政策措施的宣传，引导家长树立正确的教育理念、采取适宜的教育方式，缓解其在子女教育问题上的担忧和焦虑。

四、完善生育休假与生育保险制度，推动家庭友好工作场所建设

当前，"80后""90后"独生子女群体已成为我国劳动和生育的主体，面临工作创业、育幼养老的多重压力。随着家庭结构小型化、女性普遍进入劳动力市场，临时看护或长期照顾婴幼儿已成为许多双职工家庭面临的现实问题，在工作和育儿之间寻求平衡越来越难，成为影响生育意愿的重要因素。

积极探索并完善产假、陪产假、育儿假、生育津贴、个税扣除以及弹性工作安排等相关政策。在现有生育保险基础上，进一步加大公共支出对产假期间职工收入的保障力度，扩大制度覆盖范围，提高待遇保障水平，完善生育津贴功能，推动建立覆盖城乡居民的生育保险制度。对于没有被生育保险制度覆盖的人群探索以现金或实物方式予以补贴；适当延长男性的陪产假并将这一期间的津贴纳入生育保险的范畴；为方便父母照料儿童，增设一定天数的育儿假并允许分散使用。

推动家庭友好工作场所建设，鼓励有条件的用人单位提供更多的育儿便利条件。鼓励雇佣人数较多的用人单位自办或联办托育服务机构，利用闲置厂房、场地等引入第三方专业机构在工作场所提供托育服务，有条件的可向附近居民开放；鼓励用人单位（特别是女职工人数较多、条件成熟的企事业单位、开发区、工业园区等）为母乳喂养提供必要支持和配套设施，包括设立哺乳室、爱心母婴室等设施，配置电冰箱、电磁炉等设备；健全工作福利制度，保障劳动者特别是女性合法就业权益，减轻生育对女性职业发展的不利影响；探索更加灵活的工作模式，为有育儿需求的员工进行远程办公、家庭办公等提供便利。

五、培育性别平等的新型家庭文化，倡导多方责任共担的社会氛围

长期以来，女性是婴幼儿照护的"主力军"，男性在照看子女方面的"缺位"现象比较明显。随着三孩生育政策的实施，女性的子女照料负担将进一步增加，职业女性面临的"家庭—工作"矛盾也将进一步加剧，严重影响各类女性的未来职业发展。首先，在生育友好型的劳动保护环境尚未形成的情况下，生育养育问题可能增加失业风险。在企业工作的新婚人群表示，尽管目前的法律法规对职工生育权利具有一定保护作用，但企业整体而言对在职人员的生育行为不持鼓励态度。一旦选择在职生育，就不可避免会在收入增长和职位晋升方面受到影响，甚至不得不考虑就业机会的重新获取问题。其次，生育养育问题可能影响女性的晋升发展机会。多数企业认为女性无论是在怀孕还是在照护婴幼儿期间，均无法全身心投入工作或承担更重的任务。面对激烈的市场竞争，婴幼儿母亲的工作任务甚至岗位通常会被其他人顶替。最后，生育养育问题也可能影响个体工商户的经济收入。访谈发现，从事电商、个体经营及其他自由职业的孕产妇也认为生育在很大程度上会影响其事业发展。由于经营规模小且多属于自雇者，孕产妇即便是在怀孕期间也要参与经营，或者不得不雇用他人分担工作进而增加经营成本。

女性作为生育行为的直接承担者，同时承受家庭、社会和经济多重压力。促进社会性别平等，降低女性压力是关键。提倡男女共担家务的社会文化，改变家庭照顾责任的传统性别安排，鼓励用人单位提供托育服务，打造友好的生育环境氛围势在必行。同时，对现行社会政策体系重新审

视，制定有利于男性职工行使其家庭责任的工作制度，探索设立男性"带薪产假"和育儿假，促使男性更多参与家庭抚育。此外，还要加大对用人单位提供托育服务的政策和财政支持力度，为用人单位提供适当、有效的托育服务营造更加友好的"使能"环境，推动单位员工参与托育服务并形成良性循环的互助服务机制，解决职业女性面临的照料难题，帮助职业女性实现工作和家庭照料责任的平衡。

执笔人：佘　宇（国务院发展研究中心）

史　毅（中国人口与发展研究中心）

（原文载于《中国经济时报》2021年8月13日）

探讨家庭托育服务新模式新业态

《"十四五"积极应对人口老龄化工程和托育建设实施方案》中指出，要探索发展家庭育儿共享平台，家庭托育点等托育服务新模式新业态。进入 21 世纪，在一些发达国家，家庭式托育场所一般是开办人自己家里，除了自己的孩子之外，也招收少量其他人家的孩子。英国由地方政府提供小额补助，鼓励私人设立家庭托育中心。美国则发展出合格的保育人员在家庭中照顾两三岁幼儿的方式。瑞典在 1991 年成立"母亲俱乐部"，让小区的母亲能够分享家庭育儿经验。目前，"三孩"政策已经放开，托育服务的需求将会越来越强烈，托育服务的多样化，可以满足家庭多元化的需求，缓解年轻父母托育的焦虑。

《幼儿教育导读》邀请了国务院发展研究中心社会和文化发展研究部研究员佘宇，探讨适合我国国情的家庭托育服务新模式新业态。

访谈问题一：什么是家庭式托育？家庭式托育和机构式托育的区别是什么？

佘宇：家庭式托育是一种独特的服务模式或者业态。

家庭式托育，顾名思义，就是以家庭为场所，更多利用家庭内部的各种资源，向住宅所在社区的其他家庭提供较低收费的或者公益性甚至志愿互助型的托育服务，相对而言，也更容易实现托育服务的普惠性、价格的可承受和服务的可及性。有研究表明，家庭式托育的举办者更看重与婴幼儿及其家庭建立积极的关系，相对而言，较少强调规模、利润率、市场占有率等商业目标，为了商业扩展而提供托育服务不是其首要考虑因素，补充性功能是第一位的。

需要指出的是，家庭式托育并不是原有机构式托育的举办者简单地将场地更换至（或租赁）私人住宅开展相关服务，而是一种相对更为独特的服务模式或业态。与一般机构式托育相比，家庭式托育往往收托人数相对较少，师幼比相对较高，服务时间更有弹性，收费价格相对较低，甚至服务内容及形式可以与婴幼儿家长协商决定。家庭式托育是在举办者自己的住宅内开展服务，水、电、气、暖等执行的是民用价格，基本不存在房租或场地成本，有的举办者更是兼任保育人员，用人成本也进一步降低，抗风险能力也相对较强；更容易创设与婴幼儿日常生活环境相似的温馨的家庭氛围，收托的婴幼儿也较少会有疏离感；举办者与婴幼儿家长居住在同一社区，邻里之间较为熟悉，也更容易形成信任纽带，接送可以不出社区，也更为方便；招生压力也小，招生方法和宣传范围也更为简单。当然，家庭式托育的上述特点与社区托育点有类似之处。

访谈问题二：家庭式托育中，专业工作人员应该具有什么样的专业素养，具备什么资质？怎样保证家庭式托育的专业人士不会频繁流动？

佘宇：托育人员学历要求灵活，要有相应资质。

从服务内容来看，家庭式托育同样涉及营养、卫生保健、生活照顾等生活护理，学习、游戏活动及社会发展等教育服务；为家长提供幼儿成长建议等育儿资讯；记录幼儿生活及成长过程，包括食量、排便、睡眠情况、口腔清洁、突发事项处理等；协助幼儿进行定期健康体检，以促进幼儿健康发育及成长的健康筛检；等等。有鉴于此，家庭式托育的举办者和从业人员同样需要具备相应的专业素养和资质。

与机构式托育类似，家庭式托育的举办者负责全面工作，除学历要求可以适当灵活外，应当有从事儿童保育教育、卫生健康等相关管理工作的经历，且经托育机构举办者岗位培训合格；保育人员也应当具有婴幼儿照护经验或相关专业背景，受过婴幼儿保育相关培训和心理健康知识培训；保健人员应当经过妇幼保健机构组织的卫生保健专业知识培训合格。如需要配备炊事人员、保安人员，也应符合相关规定。

保证家庭式托育的从业人员不会频繁流动，核心仍然是薪酬水平和职业发展空间。有必要推进持证上岗，增加相关资格证书的含金量。

访谈问题三：家庭式托育的硬件环境应该是怎样的？

佘宇： 硬件环境可以有自己的特点。

家庭式托育无论是房屋装修、设施设备、装饰材料，还是配备符合婴幼儿月龄特点的家具、用具、玩具、图书和游戏材料，都应当符合国家相关安全质量标准和环保标准，并确保用火用电用气安全。如有条件，也应当建立照护服务、安全保卫等监控体系。

与机构式托育相比，家庭式托育的硬件环境更多营造的是与婴幼儿日常生活环境类似的温馨的家庭氛围，由于收托人数较少，基本不存在分班，因此睡眠区、活动区等生活用房的划分不会太明显，各区最小使用面积也很难完全参照《托儿所、幼儿园建筑设计规范》（局部修订）相关要求；但天然采光、自然通风及楼层应尽可能遵从规范；配餐区、清洁区等应按规范设置。

访谈问题四：在家庭式托育环境中，政府和社区担任什么角色？

佘宇： 政府出台法规，社区综合协调可用资源。

政府应出台相关政策及法规，明确家庭式托育的发展方向，以及举办者和从业人员的准入筛选、人员的专业化培训、质量监管等方面的具体要求。按照"谁受益，谁负担"的原则，鼓励开办公益性或志愿互助型的家庭式托育，政府可以针对家庭的实际条件，投入适宜的玩教具，并提供亲子课程影像教材，由志愿者和家长带领婴幼儿模仿式学习，进行交流和互动。

在社区内综合协调现有资源并发掘和利用一切可用资源，加强家庭式托育与社区服务中心（站）及社区卫生、文化、体育等设施的功能衔接。在保障安全的前提下，充分利用社区的公共空间和设施，解决家庭式托育户外场地不足的问题。

鉴于家庭式托育收托人数较少，从业人员的岗位设置并不如机构式托育那样清晰，政府和社区应当为其提供更多的指导，例如卫生保健人员应如何进行日常工作等；对其开展科学育儿指导服务也应当提供更多专业性的支持。

访谈问题五：探索适合我国经济和文化国情的家庭托育服务的新业态和新模式，您认为难点是什么？如何解决？您还有哪些建议？

佘宇： 家庭托育如何监管需要探索。

家庭式托育作为一种新业态和新模式，除了要解决因收托婴幼儿人数较少，容易处于孤立情境，缺少与其他同龄群体互动机会的不足外，还面临服务场所、设施、收费、内容等方面的合法性和规范性尚未得到解决的现实难题；怎么监管、监管什么、如何有效监管、如何保障收托婴幼儿健康等仍需探索；因为利用住宅开展服务，也涉及邻里之间可能的纠纷协调问题；有的家庭式托育甚至存在卫生条件不合格、建筑设施不符合安全标准等问题。

有鉴于此，建议尽快建立规范化的登记制度，明确设置标准、管理规范和质量评估指标体系。主要包括合理设置硬件标准、规模标准、空间使用标准，强调服务过程软性标准；明确托育服务对象、服务内容、人员配备、设施配置等规范标准；通过执业登记制度、服务许可审核、质量认证等不同层次的管理策略，纳入政府的监督机制；成立相关行业协会，开展定期或不定期巡视。

家庭式托育的举办者和从业人员需要具备一定的专业素养和资质，因此，应加快建立专业化的非学历教育的职前培训、在职进修与职业资格认证体系，并开展系统化的监管和督导。修满一定学时的培训课程并考核合格，政府甚至可以提供一些补贴以及贷款、减税等支持，降低家庭式托育的运营成本。

（原文载于《幼儿教育导读》2021 年 8 月 25 日）

总结经验，大力发展社区普惠托育服务

伴随经济社会的快速转型，规模小型化和结构核心化已经成为我国家庭变迁的主要特点，女性照料子女负担不断加重的同时，隔代照料观念的差异和冲突也使得祖辈照料面临诸多困难，如何有效提高婴幼儿照护能力和托育服务水平，已经成为社会普遍关注的话题。2019 年全国人口与家庭发展监测抽样调查显示，绝大多数家庭对托育服务机构的区位距离具有较高要求，社区托育服务是需求的主要类型，也是推动城市地区托育服务提质扩容的有效途径。

在以"家庭—社区—机构"为依托的婴幼儿照护服务体系中，社区作为家庭生活的第一环境和社会治理的基础单位，既是直接提供基本公共服务的前沿阵地，也是托育服务政策措施落地的"最后一公里"。无论是在新建居住区还是老旧小区，社区公共资源的整合利用都可为就近一体化解决"一老一小"问题提供基础空间，对于提升公共服务效率、构建和谐社区关系、提高居民幸福感和获得感具有积极作用。如何发挥社区作为连接多方资源的中枢纽带优势，更好发展社区托育是当前迫切需要研究的重要问题。近年来，浙江省杭州市拱墅区以"阳光小伢儿"项目[①]为契机构建15 分钟婴幼儿照护服务圈层体系，在资源整合、服务提升和行业培训等领域积累了一定经验，从价格可承受、安全有保障、方便可及等多个维度有效满足了家庭托育服务需求，对全国其他地区破解社区托育服务难题具有参考和借鉴价值。

---

① "阳光小伢儿"项目主要由社区成长驿站和智慧信息平台两部分构成。通过与社区"阳光老人家""文化家园"等场地充分共享，建设社区（小区）"阳光小伢儿"驿站，配备必要的服务设施和用品，提供免费的自助式、互助式亲子活动休闲空间，开展亲子活动、父母课堂、养育指导等活动，同时也为辖区家庭提供儿童早期发展的科学指导。

一、拱墅区发展社区托育服务的做法和经验及初步成效

（一）主要经验做法

杭州市拱墅区通过资源共建共享解决"托不起"的普惠难题，通过圈层布局规划解决"不方便托"的空间难题，依托社区综合监管解决"不放心托"的安全难题，其发展社区托育服务的主要做法和经验如下。

1. 多元支持社区普惠托育服务发展

为解决机构生存难、家庭入托收费高的问题，拱墅区立足区域实际，积极支持各类托育机构普惠发展。家庭自助式的"阳光小伢儿"驿站，如庆隆社区驿站由政府提供80平方米的场地建设，免费为家长和婴幼儿使用；公建民营类机构，如和睦街道提供免费社区用房200平方米，由第三方"华媒维翰"运营；民建公助类机构，如初本教育原有富悦香郡照护点，科技工业园区给予北部软件园内免费场地支持拓展新机构；对托幼一体化、市场主导类机构开展星级评定以奖代补，对于运营好、信誉好、评价好的三星级以上机构，按不同星级给予3万元至5万元奖励等。

2. 构建点面结合、多方参与的服务结构

一是"点"上落实，搭建阳光成长驿站。以社区为着力点，与现有"阳光老人家"设施相融合、与老旧小区改造相结合，做专、做精、做好小区"微托育"，提供家长陪同照护、专职人员主管的短时托育服务，定期开展科学喂养、发育指导、家长课堂等活动。所有经费投入由区、街道两级财政承担，对辖区家庭免费开放。

二是"面"上布局，规划15分钟圈层。成立领导小组，从顶层谋划全区托育点位布局，制定《拱墅区"阳光小伢儿"婴幼儿照护服务暨"带

着伢儿去上班"三年行动计划（2020年—2022年）》，计划三年内全面实现婴幼儿照护工作"三个100%"，即婴幼儿照护指导率达100%、婴幼儿照护服务社区覆盖率100%、婴幼儿健康管理率100%。发布拱墅区15分钟婴幼儿照护圈层体系地图，家长可按图找点就近入托，年轻妈妈可以"带着娃儿去上班"，爷爷奶奶也可以"边带娃边养老"，形成多功能生活照护服务圈层。

三是"线"上指导，引导社区、用人单位、市场多方参与。以早期发展进家庭项目为载体，发展社区免费驿站，将照护服务工作融入社区日常服务中的家庭自助模式。鼓励和支持企事业（机关）单位、街道社区、园区等提供场地或经费支持，与第三方专业组织合作，提供公益性、福利性、普惠性的日托、半日托服务，为周边居民、单位职工解决后顾之忧的合作共建模式。

3. 结合社区托育推进基层治理能力提升

一是试点先行，把握关键环节。选择托育需求较大、基础较好的社区作为试点，在边试边行中完善"阳光小伢儿"婴幼儿照护体系。按照试点先行、品质提升、全面覆盖三步战略，逐步形成15分钟照护服务圈层体系。在老旧小区改造经验成熟的和睦街道布局"阳光小伢儿"照护服务点。同时，在全区层面上积极引进专业托育品牌力量，探索开展项目建设、服务模式、人员培训、资源共享等合作。如由政府提供上塘路地块一栋4层楼场地，由绿城育华教育集团负责统筹运营管理，兼顾行业协会办公、行业培训与照护服务点功能，预计建成后收费仅为市场同等品质服务的一半价格。

二是形成合力，协调相关部门联防联动。加强统筹，8个部门、10个街道、1个园区联动，指导机构建设，开展食品、安全、消防等联合监管，引导在幼儿园中增加托班，鼓励民办园开设托班。充分发挥妇联、工会组织作用，鼓励企事业单位开办照护服务点，为职工做好保障。

三是全域推广，通过托育服务为基层治理赋能。针对很多家庭不敢生、失独家庭风险增大等问题，依托数字平台对未来出生人口进行预测，让婴幼儿照护体系建设和生育政策相辅相成、促进人口结构合理化、帮助创业就业人解决后顾之忧，营造一流营商环境，发展出一套具有拱墅区特色的社会组织、企业和政府合作的多元共赢的照护服务新体系。

4. 加强标准规范建设和数字化监管

一是结合区情实际，建立五大行业标准。强化政府主导，建立符合区情的五大行业标准，从场地方面建立照护服务点设置标准、建设标准、安全标准，从人员资质方面建立照护服务人员从业标准、照护服务工作标准，以标准建设突破机构规范问题多的难点，让行业内各市场主体精准定位，按章建点。

二是依托"城市大脑"，创新数字化监管。依托"城市大脑"数据驾驶舱，建设"阳光小伢儿"平台暨拱墅区智慧妇幼信息平台。联通各街道、社区妇女、幼儿、托育机构的分布情况及相关视频信息，打造数字家园沟通专区、数字保育培训专区、婴幼儿健康成长数字档案等。特别是引入云智能婴幼儿照护监控远程看护系统，实现远程监护，建成后将成为一体化的数字婴幼儿照护监管平台。

三是重视行业发展，打造专业化队伍。成立全区婴幼儿照护服务研究中心和婴幼儿照护服务协会，引入全国一流婴幼儿健康专家研究团队，通过国内外一流育儿指导专家、婴幼儿营养专家、早期教育专家、儿童保健医生等，为从业人员提供规范化培训，全力构建专业化的婴幼儿照护服务团队。依托专家研究团队加强政策研究、开展事业规划，定期发布拱墅区婴幼儿照护服务白皮书。

（二）取得的初步成效

截至 2021 年，杭州全市各类婴幼儿照护服务机构可提供托位 28872 个（含幼儿园托班），每千人托位数达到 2.42 个，婴幼儿照护服务机构乡镇、街道覆盖率达 55.7%。从调研情况来看，拱墅区以发展社区托育服务为突破口，迅速推动了全区托育服务供给资源扩容增量，每千人口托位数接近 4 个，在杭州市各区居于首位。除了直接满足家庭对价格可承受、质量有保障、方便可及的婴幼儿照护需求外，还产生了多方面的积极效果。

1. 减轻家庭婴幼儿照护的经济负担

2020 年上半年，拱墅区对全区 10 个街道、3535 户家庭进行了一项托育机构需求问卷调查，重点了解了居民可承受、可接受的托育服务价格区间。调查发现，每月 3000 元左右的服务价格在大部分家庭可接受范围以内，但当时市场上多数托育机构服务价格基本在每月 4000 元至 13000 元，超出了多数家庭的承受能力。在各类普惠托育支持举措实施之后，托育机构的运营成本下降近一半，所有政府扶持的托育机构收费都已降到 3000元以下，较好解决了家长"托不起"之痛。

2. 减轻职住分离焦虑和女性育儿负担

拱墅区辖区内科技产业园区较多，发展社区托育服务、打造公益型"阳光小伢儿"照护点，发挥了"以小服务留大人才"的作用，实现家长可以带着孩子去上班。充分发挥妇联、工会组织作用，鼓励企事业单位开办照护服务点，提供公益的照护福利，减免托育收费，为职工做好保障。随着园区内员工共享托育园的落地，"阳光小伢儿"已经成为引进人才、留住人才、服务人才的福利，更多的创业者、就业者将实现带着孩子去上班的美好愿景。

3. 强化科学育儿指导和家庭照护能力

拱墅区依托社区托育服务点，与中国营养学会联手开展好妈妈营养厨房技能指导，围绕家庭营养需求，指导家长设计不同年龄段的三餐食谱，正确认识每个食谱及每天的各种营养素需求，确保儿童得到科学喂养。同时，开展科学育儿知识进家庭活动，在社区卫生服务中心、社区举办公益性科学育儿知识讲座或亲子活动，定期邀请专家坐诊，为辖区家庭免费提供专业的婴幼儿照护知识，培养"吃好、睡好、玩好"的"三好"儿童。目前，拱墅区已投资建设 18 家发挥共享、共用、共玩功能的"阳光小伢儿"驿站，未来三年内计划完成 50 个驿站的建设目标。

4.改善社区邻里关系和公共服务环境

拱墅区以小场地办大实事，打造免费型"阳光小伢儿"驿站，实现"一老一小"阳光相伴。与社区"阳光老人家""文化家园"等场地充分共享，建设"阳光小伢儿"驿站，配备必要的服务设施和用品，以家长为主体，开展免费的自助亲子活动、父母课堂、养育指导等，让老人带着儿童一起玩，营造大手牵小手的温馨公共服务环境。如七古登社区依托文化大家园内的儿童乐园，按照各项规范化标准进行升级，引入第三方进行专业运营，日均参与家庭人数达到 20 人以上。

二、相关思考和建议

拱墅区的实践表明，在具备一定条件和基础的前提下发展社区托育服务可有效满足群众的育儿需求，有助于解决家庭"没地方托""不方便托"和"不放心托"等问题。但值得注意的是，在社区托育服务发展过程中，多数地区仍存在资源整合难度大、责任权限不明晰、缺乏适用性标准规范等问题，这些已成为社区托育服务可持续发展难以回避的"痛点"和"堵点"。为有效解决上述问题，更好推动社区托育服务可持续发展，建议从标准规范、责任分工、投入保障、共建共享等方面提供系统性支持。

（一）处理好国家标准与地方标准的统分关系

在托育行业迅速发展、机构数量不断增加的阶段，行业标准规范的统一性和特殊性之间的矛盾逐渐凸显。一是机构建设标准在不同类型托育机构中的适用性问题有待解决。当前，各地托育机构的建设主要以国家出台和修订的《托儿所、幼儿园建筑设计规范》《托育机构设置标准（试行）》和《托育机构管理规范（试行）》为依据，这类标准规范更适用于专业性、规模相对较大的托育服务机构，并不适用于社区托育点、企事业单位托育点和家庭托育点，而这三类小型托育机构在整个托育服务市场中的占比较高，建议从顶层设计上对不同类型的托育服务机构进行差异化管理。二是国家建设标准在不同区域的适用性问题有待解决。我国东、中、西部地区的经济社会发展状况存在较大差距，同一地区内部的城乡之间的经济社会发展状况也存在较大不同，同一城区内部的新旧居住区之间的设施用地状况也存在不同特点，这对各地制定符合区情的托育机构设置标准和规范提出了较高要求，建议国家在相关标准设置中给予地方一定的空间和自主权。

（二）构建公共服务资源与市场运营机制的协作关系

社区托育服务模式的基础是社区公共资源与市场服务资源的整合利用，其中最重要的就是如何在确定责任分工基础上实现资源融合、提高运营效率和服务质量的问题。一是利用公共服务营造科学育儿氛围。通过整合地方综合医院、妇幼保健机构、托育行业协会、基层医疗卫生机构等技术资源，编制统一规范的婴幼儿照护和托育服务指导手册，定期举办科学育儿知识讲座或亲子活动，多层次多维度提供家庭科学育儿指导。二是利用社区公共资源打造区域示范性托育中心。利用社区公共场地、社区配套幼儿园等公共空间资源建设不同类型的示范性托育机构，探索中国式儿童早期发展及婴幼儿照护服务模式。同时，利用示范性托育中心为托育机构人员及从事儿童早期发展的人员提供规范化培训。三是推动社区与第三方组织的优势互补，利用市场第三方运营优势打造连锁化服务品牌。在项目建设、服务模式、人员培训、资源共享等方面形成规范制度，探索社区层面公建民营、民办公助的托育服务发展路径。

（三）协调示范性、普惠性、可持续性之间的关系

打造区域示范性机构的过程中，优势资源集中带来的示范效应极为明显，但示范性机构的建设模式能否大范围推广和可持续发展仍面临诸多挑战，需要因地制宜探索配套和补充支持措施。一是通过多种形式推进老旧社区托育服务机构建设。老城区中的老旧社区存在公共设施不完善、场地空间不足等问题，通过公共资源整合、改建或置换的方式提供托育场地的难度较大，建议在这类地区建立发展灵活便捷的小型社区托育点，并探索家庭托育点建设经验。二是建立社区托育服务的规范化投入机制。普惠性社区托育服务发展需要人、财、物的稳定投入，建议各地设置专项投入经费，在建设装修、水电燃气和场租补贴等形式之外，基于入托儿童数量提供运营补贴，为社区托育机构的可持续发展提供经济支持。

（四）发挥社区（村居）资源整合和属地管理的双重作用

发挥乡镇街道和社区（村居）在资源整合中对托育服务发展的支持和属地监管作用。一是推动社区自有资源的有效整合。基于社区托育服务设施或机构共建共享的思路，推动基层政府和自治组织开展常态化扶持，建立年度专项扶持资金，根据实际情况提供场地设施，落实精细配套措

施，逐步建立长效补偿机制。二是推动社区与职能部门的协作管理。整合辖区内卫生健康、教育、公安、市场监管等领域资源，对社区托育服务进行业务指导和综合监督，强化社区基层机构对托育服务的精细化管理，形成辖区内多方监督、综合评价的基层治理环境，保障托育服务的安全和质量。三是推动社区管理和社会监督的多元融合。公布区域托育行业红黑名单榜，引导社会共同关注并监督婴幼儿照护服务行业，发展辖区内社会组织、企业、政府、育龄群众多元参与的社区普惠托育服务体系。

执笔人：佘　宇（国务院发展研究中心）

史　毅（中国人口与发展研究中心）

（本文成稿于 2021 年 9 月 17 日）

制约生育潜能释放的成本因素
及社会支持措施

近年来，人口的少子化和老龄化正在成为我国人口发展的主要特征，对国家人口安全、社会安全、经济可持续发展形成严峻挑战。在此背景下，党中央果断决策，实施三孩生育政策，以顺应人民群众期待，释放生育潜能，促进中长期人口均衡发展。社会各方面对此高度赞成，同时也普遍认为，保障新生育政策的目标顺利实现，关键是要提出一系列有助于缓解育儿压力、增强生育意愿的社会支持措施。

一、育儿成本过高是抑制生育意愿的主要因素

生育行为是多重因素综合作用的结果。实施三孩生育政策，意味着我国人口生育的政策限制已经基本取消，相比较而言，过高的育儿成本已成为制约生育的主要因素。事实上，在前一阶段"全面二孩"政策实施过程中，由于"养不起、没人带"等造成生育意愿较低的问题已经集中凸显，主要表现在以下方面。

（一）社会化托育服务严重不足

一方面，传统家庭抚育虽然在育幼中仍然发挥基础性作用，但是在家庭规模逐步小型化、女性受教育程度和劳动参与率不断提高的情况下，家庭

育幼越来越受到工作时间、生活成本、机会成本等因素制约，育龄女性面临工作和家庭平衡问题，即使是隔代抚养也越来越不适应现代养育要求，城乡家庭对社会化托幼服务的需求越来越强烈。另一方面，原有计划经济时期由政府、单位举办的托幼机构逐步瓦解，社会化托幼服务供给严重不足。2019年全国人口监测和家庭发展抽样调查显示，我国总体入托率仅为5.6%，且托幼机构普遍"小、散、弱"，监管缺失、收费较高、内容不规范，幼儿人身安全、食品安全和服务质量得不到有效保障，而2014年经合组织成员国的平均入托率大致为34%。随着更多新生婴儿的到来，必然引起对社会托幼服务需求的极大扩张，托幼服务供需失衡的问题会更加突出。与之相类似的，还有义务教育阶段低龄学龄儿童的课后托管服务缺失的问题。

（二）公益性学前教育服务短板较大

学前教育具有养育、教育、社会化看护等多重功能。学前教育学位缺口问题在21世纪的头十年曾经非常突出，经过2010年以来的几轮行动计划，目前已经大有改善，2020年学前教育毛入学率已达85.2%，普惠性幼儿园（公办幼儿园和普惠性民办幼儿园）覆盖率达到84.74%[①]，供需矛盾似乎不那么尖锐。但是，相当一部分的普及成果是依靠社会力量实现的，政府举办的公办幼儿园占比仍较低（刚超过50%），且存在缺乏稳定财政经费保障、投入体制机制不健全等突出问题，一部分学前教育服务是由政府支持下的收费较低的民办幼儿园提供，保教质量总体不高，而一般的逐利性民办幼教机构只能提供基于家庭经济承受能力的选择性服务。在边远农村地区，学前教育普及的基础更为薄弱，特别是公办幼儿园不入村、乡镇民办幼儿园收费较高、家庭能力有限、家到幼儿园距离远等导致低收入

---

① 数据来源：《2020年全国教育事业统计主要结果》，2021年3月1日，中华人民共和国教育部网站，http://www.moe.gov.cn/jyb_xwfb/gzdt_gzdt/s5987/202103/t20210301_516062.html。

家庭儿童无法入园。未来一个时期，学前教育数量、布局、结构、质量等还在深度调整中，将显著影响有孩家庭的预期。

（三）基础教育资源不均衡加剧教育焦虑

基础教育面向千家万户、关系个人成长成才，是基本的民生需求。一方面，我国基础教育虽已基本普及，"上学难、上学贵"的问题也初步解决，但是随着发展阶段的变化，社会公众的教育焦虑反而更加强烈。2020年，我国人均GDP连续第二年超过1万美元，中等收入群体扩大到4亿多人，迈向高收入水平的群体对高质量、多样化的教育需求日益增长，对教育的关切度更高。另一方面，我国城乡、区域、学校、群体间教育资源配置仍很不均衡，由于单一的考试评价制度没有改变，日益强化的应试教育倾向与稀缺的优质教育资源相互作用，使得教育的竞争性、选拔性、淘汰性越来越强，不断加剧家长对子女"学习成绩"和"考试升学"等问题的焦虑，产生了学区房、校外培训、陪读陪学等现象，不仅导致巨大的经济支出压力，也耗费了家庭大量的时间和精力。国务院发展研究中心"中国民生调查（2020）"数据显示，子女处于义务教育阶段的家庭中，孩子参加主科课外辅导、培训班或请家教的占比为28.7%。

（四）儿童和家庭发展的公共政策支持力度弱

改革开放以来，我国社会保障和社会福利制度建设，均以社会成员个体为实施对象，从劳动人口扩展到非劳动人口再到儿童、老年人等群体。专门针对儿童的公共政策，只有特殊儿童（孤儿、残疾儿童等）保障措施以及免学费、营养餐、学生资助等政策，家庭支持政策仅限于低保、住房保障等，且没有考虑无子女、单子女、多子女等差异化情况，儿童公共服务设施缺乏且高度碎片化，这在家庭功能不断弱化的情况下，难以针对性缓解过高育儿成本的实际困难。家庭为主的育幼成本分担机制，使得支付能力成为是否生育的决定性因素，在育幼成本不断提升的情况下，必然从整体上抑制全社会的生育意愿。反观发达国家，普遍建立了以津贴为主、多种形式并存的儿童福利制度，不仅鲜明体现了鼓励生育的政策导向，而且具有儿童早期干预、提高全社会人力资本水平的效果。

总之，鉴于育儿成本过高已成为抑制生育意愿的主要因素，必须通过适当的公共政策干预，实现育幼成本的合理分担，才能减轻家庭尤其是多孩家庭抚养幼儿的经济和人力负担，从而最大程度释放生育潜力。

二、加快扩大社会化托育服务资源

当前，要针对多元的托育服务需求，多措并举，加快探索多种形式的托育服务模式，积极扩大社会化托育服务资源，形成家庭主责、社区依托、机构补充、社会支持的育儿服务格局。

（一）扩大家庭育儿的指导、支持等服务

家庭养育仍然是幼儿养育的主渠道，但是育儿的科学指导、服务支持也十分重要，需求也很迫切。建议将家庭育儿指导纳入社会公共服务内容，卫生健康、教育等部门要加强加大工作力度，积极扩大公益性育儿指导资源，探索建立公益性育儿（早教）指导服务机构，开发育儿指导公益平台和课程资源，鼓励中小学校、幼儿园、公办托育服务机构、社区等为婴幼儿家庭提供示范指导，积极开展养育课程、父母课堂等公益性育儿指

导和实践活动，提高家庭科学育儿素养和能力。综合采取补贴、奖励、购买服务等扶持措施，积极培育家庭教育服务机构。加强资源整合和统筹协调，为婴幼儿家庭提供婚前保健、孕产期保健、儿童保健、预防接种、安全防护、疾病防控等服务，积极开发家庭教育类公共文化服务产品。

（二）扩大社区托育供给

在托育机构建设成本较高的情况下，立足社区扩大托育服务供给是一种较为经济、实用的策略。建议充分发挥城乡社区公共服务设施的婴幼儿照护服务功能，通过场地和硬件支持、购买服务等，支持专业服务机构依托社区加强网点建设，提供就近的全托、上门、短时托管、突发情况救护等多元化服务。依托政府机构网络，探索社区儿童综合性早期发展中心建设，加强和所在的社区、家庭的合作，提供家庭指导服务。针对边远农村地区，可依托村委会（居委会）、幼儿园等已有公共设施甚至闲置用房，设置或"嵌入"儿童发展中心，不具备机构集中提供服务的地方，可通过政府购买服务，聘用县内大中专毕业生或经过培训的在村妇女，因地制宜，因才施策，采用社区中心模式或入户家访模式，提供养育辅导服务。中国发展研究基金会2015年启动的0~3岁"慧育中国：儿童早期养育项目"，成功探索了方便可及、成本适宜、公平普惠、干预有效的"家访"模式，已在甘肃华池、新疆吉木乃、青海乐都、湖南古丈等地全域实施，为扩大社区托育供给提供了宝贵的试点经验。

（三）统筹推进托育服务机构建设

充分考虑各地国土空间规划、服务人口和半径等情况，通过新建、改扩建等多种方式，统筹托育服务设施数量、规模和布局，构建公办机构示范指导、普惠性机构基本保障、非普惠性机构多元补充的托育服务基本格局。要发挥中央预算内投资的引导和撬动作用，主要向中西部地区、农村地区倾斜，地方各级政府要履行好托育服务建设投入的主体责任。加大政府支持带动社会力量投入，进一步疏解社会力量进入托育服务市场的堵点和难点，通过提供场地、优化准入管理、财政补贴、税费优惠、减免租金、优先保障建设用地、设施和部位改造支持等政策措施，帮助举办者解决机构选址难、运营成本高、风险责任大等突出问题，激发市场活力，建设一大批方便可及、价格可接受、质量有保障的托育服务机构。创新体制机制，采取公办民营、民办公助、购买服务等方式，鼓励和支持社会力量参与推动托育服务设施建设和运营。从实地调研情况看，不同地区、不同规模、不同类型的托育服务，其建设成本存在较大差异，因此，对托育机构的支持也要分类指导、精准施策。

（四）多渠道扩大托育托管资源供给

在扩大普惠性教育资源过程中，同步推动公办教育机构服务范围向托育领域延伸，将教育、托育一体考虑，是扩大托育服务资源的又一条有效途径。比如，要积极鼓励资源相对充裕、办园条件较好的幼儿园开设托育班，按照托幼一体化的原则新建、改扩建公办幼儿园，政府在经费投入、机构编制等方面加大保障力度，鼓励民办幼儿园开设托育班。又如，一些城市中小学探索出台延迟放学、课后文体活动、社会实践项目和托管服务等，要总经相关经验，形成固定的工作机制。此外，还要鼓励支持工业（产业）园区、企事业单位、高校、妇幼保健机构、商务楼宇等利用自有土地或设施，以单独或联合共同举办的方式建设公益托育服务设施。

（五）加强托育服务保障

要加强托育行业监管，严格从业人员准入管理，加紧研究制定机构管理规范、从业人员资格标准和行为规范，加强安全、卫生、保健等常态化监管，强化行业自律、托育质量评价与监测。加强从业人员培养培训，在职业院校试点开展托育服务相关专业人才培养，依托妇幼保健、公共卫生、学前教育、儿童保护、社区工作、计生、妇联等领域的基层队伍，加强指导和引导，实现资源共建共享，鼓励行业协会、社会组织和专业智库研制托育服务从业人员培训课程指导标准，依托公办托育服务机构和承担指导功能的示范性、综合性托育服务中心，实行托育机构负责人、从业人员定期培训和全员轮训制度，加强相关业务指导。

三、建设公平、优质的学前教育体系

根据国务院发展研究中心社会和文化发展研究部人口迭代模型测算，我国城镇学前教育学龄人口数量在 2022 年达到峰值后将缓慢下降，而农村学前教育学龄人口数量则一路下滑（到 2030 年几乎减少一半）。而国务院发展研究中心"中国民生调查（2020）"显示，"周边没有公办园（或普惠性民办幼儿园）或学位不足"和"想进公办园（或普惠性民办幼儿园）进不去（受户籍、房产等限制）"排在子女没有上普惠性幼儿园的原因前两位，占比分别为 38.4% 和 23.2%。有鉴于此，建议即将部署实施的第四期学前教育行动计划在巩固普及成果的基础上，要更加突出兜底线、促公平、提质量的导向。

（一）进一步发挥好公办园兜底线、补短板的主体作用

加强省级统筹，综合考虑人口数量结构变化和城镇化的进程，逐步提高公办幼儿园比例，多渠道挖潜增量。严格落实《中华人民共和国城乡规划法》，加强城镇小区配套幼儿园建设并及时纳入属地行业管理，确保公益性。通过利用城市更新、产业结构调整腾退出的空间新建改扩建幼儿园，支持机关、国有企事业单位、街道、部队、农村集体办园，多种方式扩大资源供给。抓紧理顺机关、企事业单位、城镇街道和集体办幼儿园的办园体制和管理体制，加强政府财政保障和收费行为监管，实行全行业属地化管理。精准规划资源布局，新增公办幼儿园要重点加大对农村、学前教育资源短缺地区的支持力度，优先安排在农村边远脱贫地区，并根据人口分布和需求变化动态调整。

（二）引导民办幼儿园提供普惠性服务

社会力量举办的幼儿园，扩大了学前教育资源总量，在政府引导下也能提供普惠性服务。未来一个时期，在政府财力还难以保障所有学前教育需求的情况下，仍然要坚持公办民办并举，综合采取政府奖励、购买服务、减免租金税费、水电气价格优惠、派驻公办教师、教师培训、办园指导以及园所共建等措施，大力支持民办幼儿园发展；要根据区域实际情况，在保障安全的前提下，适当调整或放宽现有的场地、面积等准入门槛，努力扩大学前教育资源供给。社会力量举办的体制决定了民办幼儿园总体上还是要面向特定人群提供选择性服务，否则不可持续。要基于实际办园成本，充分考虑家长承受能力、当地经济发展水平等因素，建立合理的定价机制和收费标准，加大对农村地区居民以及家庭经济困难等群体资助力度，确保其子女能够享受价格适宜的学前教育服务。同时，要按照2016年修订的《中华人民共和国民办教育促进法》关于对民办学校实行分类管

理的要求，加紧推进民办幼儿园按营利性和非营利性分类登记、分类管理，相应地将目前政府针对普惠性民办幼儿园、一般幼儿园的扶持政策逐步转换为针对营利性幼儿园、非营利性幼儿园的分类扶持政策，确保平稳过渡。

（三）着力补齐农村学前教育短板

农村是我国学前教育的最薄弱环节，要加大投入，补齐短板。建议"十四五"时期，整合各项资金，设立专项，完善农村幼儿园布局，在中央财政"支持学前教育发展资金"中划定专门经费集中用于发展脱贫地区村级学前教育，重点增设村级公办园或幼教点。借鉴实施乡村教师生活补助政策的经验，积极探索实行乡村公办园教师生活补助政策，吸引、稳住农村幼儿园教师队伍。对于边远农村地区，由于经济发展水平相对落后，人口居住更为分散，社会发育程度低，实施机构化的学前教育往往成本高、难度大，需要因地制宜，积极探索适应当地特点的适宜的服务提供方式。有条件的地方，可以通过政府购买服务的方式聘用教师，普及脱贫地区农村学前教育，中国发展研究基金会在中西部农村开展的"山村幼儿园"实验，通过志愿者的方式聘请幼儿教师，生均成本每年仅为 2000 元。

（四）提高保教质量

学前教育虽然以游戏活动为主，但也要更加重视保教质量，这方面已经引起了社会很大的焦虑。要通过制定公办幼儿园生均财政拨款标准、民办幼儿园补助标准，加大学前教育财政投入，形成完善的投入保障机制。严格落实幼儿教师专业标准、资格准入制度，针对体量巨大的幼儿园教师队伍，全部采取编制的方式进行保障不太现实，也不符合事业单位改革的方向，主要工作应当是首先保证工资按时足额发放、不同身份教师同工同酬，将所有幼儿教师同等纳入教师全行业管理；同时在住房、专业发展、补充社会保障等方面给一些实的政策，从整体上同步提高公办园、民办幼儿园教师待遇水平，拓展职业发展空间。要将各类幼儿园均纳入学前教育质量评估体系，加强日常办学行为监管，杜绝"小学化"倾向，提高教师保教水平。

四、深化教育综合改革，缓解教育焦虑

当前，全社会普遍的教育焦虑既是进入高收入社会阶段后民生需求不断升级的具体体现，也与不均衡的教育资源配置和不合理的教育评价体制有关。在这方面，不能局限于一般的治理整顿，否则往往只能消除表面现象，新的问题很可能又会以另外的形式表现出来。必须在深化教育综合改革中形成大的思路，着重应聚焦以下几个关键环节。

（一）切实落实政府兜底线、保公平的责任

我国教育体量大、战线长，政府财力又十分有限，一下子实现高水平的教育普及难度很大。在这种情况下，相关政府部门在以点带面、重点发展、示范带动的观念支配下，总是自觉不自觉地将稀缺的优势资源配置到强势地区，以打造水平较高的样板，走非均衡再到均衡的发展道路，这是造成教育资源配置不公的重要原因，背后是教育政绩观出现偏差。未来，增进教育公平、缓解教育焦虑，关键是政府要公平对待城市和农村教育，公平对待区域内的每一所学校，在教育资源配置上要尽可能做抬高底部、雪中送炭的事情。为此，必须建立对地方政府促进教育公平的政绩考核制

度，也就是在评价一个地区教育发展成绩时，不是看升学率的高低，而是看学校和学校之间的差距有没有缩小。比如，在教育督导中，不仅看教育普及状况，还将"教育公平程度"纳入对省级政府履行教育职责的督政内容，对落实不力的实行问责并督促整改，形成硬的约束，推动各级政府切实履行促进教育公平的主体责任。

（二）更大力度促进义务教育均衡发展

我国义务教育办学差距大，尤其是区域内学校差距明显，导致普遍的"择校"现象，已经成为十分突出的教育民生问题，而且这种现象正在从大中城市向县镇蔓延，是导致教育焦虑的极重要因素。社会反映强烈的校外培训问题固然与培训市场不规范有关，但也与校内教育资源不均衡有很大关系。义务教育是为学生提供基础知识、基本技能的教育阶段，学生的个性尚未展现，兴趣特长尚未定型，各种形式的"分层教育""过度教育"无疑是有害的，基于"免试入学"的低竞争、宽口径、慢节奏的学习方式才更有益于学生健康成长。关键问题是如何消除业已存在的区域内学校差距，这里主要涉及复杂的利益调整。对此，政府一方面要转变职能，真正做到公平公正，着重加强薄弱学校投入；另一方面要采取一些实招硬招，比如建立教师定期流动机制，将重点高中的招生指标平均分配到区域内初中等。

（三）优化教育结构和学制

随着民生需求升级，加上教育内部关联性越来越强，我国教育民生关切点已经不局限于某个阶段，而是向各级各类教育拓展，使得结构、学段等问题逐步凸显，比如高中阶段强制分流问题以及连带的中考问题、小升初问题等，都引发了很大的焦虑。2020年高中阶段毛入学率达

91.2%，已基本普及，高等教育毛入学率达54.4%[①]，进入普及化阶段，城乡家庭也普遍表现出了接受更高层次教育的强烈愿望。"十四五"期间，要积极探索将学前教育、普通高中教育逐步纳入免费范围，逐步过渡到义务教育，使绝大多数新增劳动力都能接受高中阶段教育。另一方面，互联网、大数据、人工智能的兴起使得现代社会对知识、技能的要求发生了深刻变化，原来适应工业社会的学习内容和方式亟待调整，尤其是应当压缩一般性知识学习，更加注重创新精神、实践能力和个人潜能的培养。因此，在教育快速普及的今天，还应前瞻性思考我国教育的学制和结构问题，比如适当缩短基础教育（从小学到高中）年限，将职业教育的起点延长至高中阶段以后等，这既是教育适应社会发展和人才培养的需要，也为缓解基础教育过度竞争提供了条件。当然，改革基础教育学制是一项重大决策，需要十分慎重，必须进行周密的政策设计。

（四）深化招生体制改革

以往的高考改革、中考改革，主要着眼于考试内容、形式的改革，每次改革都引起了学校、家庭、社会极大的焦虑，最后的改革方案不得不较多照顾了外部对教育的需求比如公平、就业等，反而违背了改革的本意，加剧了矛盾。考试和招生，目的是科学选拔人才。在考试招生体制中，招生更带有根本性，考试是为招生服务的，是招生的手段。当前，学生学业负担重、应试学习只是一种表面现象，其实质是学生被迫压缩式学习那些不感兴趣的内容，而没有兴趣就没有真正的学习。因为这些学习内容都是由统一考试决定的，根本原因就是上一级学校招生过于粗放，不考虑个人禀赋、兴趣的差异，不考虑人才培养规格的差异。因此，改革的方向是落实招生自主权、

---

① 数据来源：《2020年全国教育事业统计主要结果》，2021年3月1日，中华人民共和国教育部网站，http://www.moe.gov.cn/jyb_xwfb/gzdt_gzdt/s5987/202103/t20210301_516062.html。

分类考试，从而激发中小学校教学活力，促进学生主动活泼地学习。

五、构建生育友好型的家庭福利政策

家庭是人口最基本的发展单位。家庭作为天然的生存与情感纽带，具有养育子女的法定责任和义务，也是子女接受养育、教育的主体。但是，家庭并不是唯一的责任主体。特别是在进入工业化之后，由于儿童发展对社会的巨大外部性，随着家庭功能不断弱化，政府能力不断增强，通过成本合理分担，实现儿童养育责任部分由家庭向国家和社会转移是必然趋势。对我国来说，转变社会福利提供方式，构建包括健康、教育、住房、税收、公共交通等在内的家庭福利政策，既是改善民生福祉、促进社会公平的内在要求，还具有强化生育社会支持的功能，应当说是正当其时且十分必要。

（一）加强顶层设计

建议"十四五"期间启动国家层面以家庭为基本单位的福利政策设计，明确家庭福利的主管部门，提出系统的家庭福利政策框架与服务体系框架。考虑到家庭福利诉求的多元化，家庭福利政策在起步阶段不宜面面俱到，要循序渐进。要坚持儿童优先原则，重点体现对家庭中儿童的支持，树立生育友好型的政策导向，目标是针对有孩家庭、多孩家庭面临的实际需求，通过公共服务设施、现金转移支付、税收优惠、直接服务与其他服务等途径，有效促进育龄女性工作与家庭的平衡，提高家庭为儿童提供养育、教育等服务的能力，使家庭能够自主决定生育的地点、时机，充分激发育龄夫妇再生育愿望，同时促进改善育儿质量、增进家庭幸福。

（二）积极探索并完善产假、陪产假、育儿假、生育津贴以及弹性工作安排等相关政策

坚持男女平等基本国策，强化两性在家庭抚育方面的平等责任，借鉴国际经验，将产假和配偶陪护假合并为夫妻双方共享的家庭育儿假，增强产假灵活性，为父亲育儿创造条件，创造家庭共同承担养育责任的良好氛围。在现有生育保险基础上，进一步加大公共支出对产假期间职工收入的保障力度，扩大制度覆盖范围，提高待遇保障水平，完善生育津贴功能，推动建立覆盖城乡居民的生育保险制度。可以考虑由生育保险基金对雇主进行补偿，以补偿企业或单位实际承担的女性生育隐性成本。

（三）加强税收优惠、财政支持

建议将个人所得税的纳税单位从个人调整为家庭，采取以家庭申报为主的方式。将0~3岁婴幼儿照护费用等纳入个人所得税专项附加扣除，在具体政策设计上体现对单子女、多子女等不同家庭的差异化扶持，对二孩、三孩家庭给予更高的子女教育专项附加扣除额度，探索专项抵扣从定额扣除向据实扣除方式转变。进一步挖掘政策空间，比如探索对雇用生育二孩、三孩女性的企业进行税前工资加计扣除，财政承担女职工产假期间社保缴费，对不符合缴纳个税标准的低收入人群实行现金补贴、租房和购房补贴等措施。

（四）推动家庭友好工作场所建设

鼓励有条件的用人单位提供更多的育儿便利条件，比如自办、联办或者利用闲置厂房、场地等引入第三方专业机构在工作场所提供托育服务，有条件的可向附近居民开放。鼓励用人单位（特别是女职工人数较多、条件成熟的企事业单位、开发区、工业园区等）为母乳喂养员工提供必要支持和配套设施，包括设立哺乳室、爱心母婴室等，配置电冰箱、电磁炉等设备。健全工作福利制度，保障劳动者特别是女性的合法就业权益，减轻生育对女性在就业、晋升等方面显性或隐性的歧视。探索更加灵活的工作模式，为有育儿需求的员工进行远程办公、居家办公等提供便利。

应该说，对制约生育意愿的成本因素及应对措施，国家及有关部门已经有比较全面准确的认识，也出台了相关文件，相信后续的政策力度会逐步加大。但是，许多人对生育政策调整后生育潜能释放的效果仍然有许多疑问，因为每个个体的生育决策十分复杂，涉及方方面面，很难准确预测。我们认为，人口再生产是长周期事件，类似生育政策这样重大的社会政策，育龄青年、家庭、社会都有一个消化吸收的过程，生育潜能释放将是一个长期的过程，甚至可能出现反复，这些都是正常的，既不能指望一招就灵，更不可能一劳永逸。对已经出现的消极现象，不必过度焦虑，可以先看一看，还是要保持战略定力，按照既定的决策部署，确保各项社会支持措施真正落地、有效衔接。这需要各地区各部门各方面共同努力，相互支持，久久为功，才能真正实现适度生育水平的目标。

执笔人：佘　宇（国务院发展研究中心）

单大圣（国务院发展研究中心）

（原文载于《行政管理改革》2021 年第 9 期）

擘画新时代儿童发展和儿童事业的美好前景

——解读《中国儿童发展纲要（2021—2030 年）》

2021 年是"十四五"规划开局之年，又恰逢"两个一百年"奋斗目标的历史交汇期。在这样一个关键时期，国务院颁布了《中国儿童发展纲要（2021—2030 年）》（以下简称"新儿纲"），这是我国制定实施的第四个周期的中国儿童发展纲要。"新儿纲"提出了到 2030 年我国儿童和儿童事业发展的指导思想、基本原则和总体目标，从健康、安全、教育、福利、家庭、环境和法律保护 7 个领域共设置了 70 项主要目标和 89 项策略措施，是指导未来十年我国儿童和儿童事业发展的纲领性文件。

一、"新儿纲"将立德树人作为主线贯穿始终

立德树人，关系党的事业后继有人，关系国家前途命运。我们党历来重视以德育人，始终把德育摆在突出位置。习近平总书记多次强调要将立德树人作为教书育人的根本。党的十八大把立德树人明确为教育的根本任务，党的十九大进一步提出要"落实立德树人根本任务"，党的十九届四中全会提出完善立德树人体制机制，党的十九届五中全会指出要全面贯彻党的教育方针，坚持立德树人。

"新儿纲"坚持以习近平新时代中国特色社会主义思想为指导，切实把党的领导贯彻到儿童事业发展的全过程和各方面，用习近平新时代中国

特色社会主义思想铸魂育人，牢记为党育人、为国育才使命，培养德智体美劳全面发展的社会主义建设者和接班人，将立德树人作为主线，贯穿始终，致力于将广大儿童培养成为建设社会现代化强国、担当民族复兴大任的时代新人。

"新儿纲"在指导思想中明确提出"落实立德树人根本任务"，并将儿童思想道德素养水平显著提升纳入总体目标。在"儿童与教育"领域，"新儿纲"提出"全面落实立德树人根本任务，培养德智体美劳全面发展的社会主义建设者和接班人"的主要目标，在策略措施中进一步强调全面贯彻党的教育方针，培养儿童良好思想道德素质、法治意识和行为习惯。在"儿童与家庭"领域，提出通过发挥家庭立德树人第一所学校作用，培养儿童的好思想、好品行、好习惯，教育引导儿童践行社会主义核心价值观，厚植爱党、爱祖国、爱社会主义情怀，宣传弘扬好家风并用好家风涵养熏陶儿童，将立德树人落实到家庭教育各方面。在"儿童与环境"领域，强调制作和传播体现社会主义核心价值观的精神文化产品、探索在网络空间开展儿童思想道德教育的新途径新方法、加强儿童媒介素养教育等内容。

二、"新儿纲"更加注重促进儿童全面发展

"新儿纲"把坚持促进儿童全面发展作为基本原则，强调要尊重儿童的人格尊严，遵循儿童身心发展特点和规律，保障儿童身心健康，促进儿童在德智体美劳各方面实现全面发展。

针对儿童身心健康需要长期关注的问题和新情况，"新儿纲"在

"儿童与健康"领域就降低儿童死亡率、提高健康素养和儿童体质、改善儿童健康服务公平性可及性，聚焦儿童健康服务体系、出生缺陷防治、营养和超重肥胖、近视、龋齿、体质健康、心理健康等重点问题提出目标，并制定相应措施。新增"儿童与安全"领域，全面回应儿童安全面临的新情况新问题，从降低儿童溺水、道路交通伤害等导致的死亡，保障儿童食品用品安全，预防和制止针对儿童的暴力，防治学生欺凌和沉迷网络，完善伤害防控工作体制机制等方面提出目标任务和策略措施。

在"儿童与教育"领域，"新儿纲"明确提出要"实施素质教育，完善德智体美劳全面发展的教育体系"。在继续强调提高学生思想道德素质和提升学生智育水平的基础上，更加突出强调体育、美育和劳动教育的内容，明确提出要"坚持健康第一，深化体教融合，帮助学生磨炼坚强意志、锻炼强健体魄""改进美育教学，提升学生审美和人文素养"和"加强劳动教育，引导学生树立正确的劳动观，形成良好劳动习惯，培养勤俭、奋斗、创新、奉献的劳动精神"。

三、"新儿纲"更加注重学校、家庭、社会协同育人

做好儿童工作，办好儿童事业，实现儿童更好发展，家庭、学校、社会都有责任。"新儿纲"除了在"儿童与教育"领域明确提出"学校家庭社会协同育人机制进一步完善"的主要目标和"坚持学校教育与家庭教育、社会教育相结合"的策略措施外，还在其他多个领域坚持问题导向，大力推动家校社协同育人。

家庭是人们开启幸福生活、放飞人生梦想的起点，是国家发展、民族进步、社会和谐的重要基点。"新儿纲"贯彻落实习近平总书记关于注重家庭家教家风建设的重要论述和指示批示精神，及时回应当前我国家庭面临的问题挑战和需求期待，增设"儿童与家庭"领域，从发挥家庭立德树人作用、落实监护责任、树立科学育儿理念等方面进一步强化家庭履行主体责任的要求。同时，该领域还特别强调对家庭履职的支持保障，从支持家庭的法律法规政策、家长学校和家庭教育指导服务、对困境儿童及其家庭的支持、落实产假和生育津贴、探索实施育儿假等方面强化对家庭的支持。

加快发展普惠托育服务体系，已成为降低家庭生育养育成本、提高家庭生育意愿和养育能力、促进人口长期均衡发展的重要举措。为落实中央决策部署，推动三孩生育政策有效落地，切实加强家庭生育养育支持，"新儿纲"在"儿童与福利"领域明确提出"加快普惠托育服务体系建设，托育机构和托位数量持续增加"，并制定相应策略措施。

社会是协同育人的参与者，营造儿童友好的社会环境对促进儿童全面健康成长具有十分重要的作用。儿童友好是理念，更是实践，坚持儿童友好就是要充分保障儿童生存、发展、受保护和参与的权利，为儿童提供适宜的政策、空间、环境和服务。"新儿纲"通篇贯彻儿童友好的理念，在"儿童与环境"领域明确提出"建设儿童友好城市和儿童友好社区"，要求将儿童优先理念落实到公共政策制定、公共设施建设、公共服务供给各方面，进一步促进形成尊重、爱护儿童的社会环境。

网络已成为儿童生活不可或缺的组成部分，他们通过网络学习、娱乐，网络对儿童全面健康成长有着不可替代的显著影响。"新儿纲"在儿童与安全、教育、家庭、环境、法律保护等领域，从提供丰富的网络文化产品、营造良好网络环境、防治网络沉迷、严厉打击利用网络侵害儿童权益的违法犯罪行为等多个维度提出目标，并通过进一步健全完善未成年人网络保护的法规政策，推动政府相关部门落实未成年人网络保护监管责任，压实网络服务提供者主体责任，深入开展网络素养教育等具体举措，促进儿童健康成长。

四、"新儿纲"更加注重全方位保障儿童权益

党的十八大以来，我国儿童权益保障法律法规政策体系进一步完善，孤儿、事实无人抚养儿童、残疾儿童、留守儿童、流浪儿童等困境儿童群体得到更多的关爱和保护。但受经济社会发展水平制约，我国儿童事业发展仍然存在不平衡不充分问题，贯彻儿童优先原则的力度需要进一步加大，保障儿童权利的法治建设需要持续推进，基层儿童保护和服务机制需要进一步健全。

为全力保障儿童特别是弱势儿童生存、发展、受保护和参与权利的实现，在"儿童与健康"领域，"新儿纲"强调加大对革命老区、民族地区、边疆地区和欠发达地区儿童健康事业发展投入力度，逐步实现基本妇幼健康服务均等化，加强对孤儿、流动儿童、留守儿童和困境儿童等的健康管理，促进心理健康发展。在"儿童与教育"领域，提出保障孤儿、事实无人抚养儿童、残疾儿童、农业转移人口随迁子女、留守儿童、困境儿童等特殊群体受教育权利的目标，并制定相应策略措施。在"儿童与福利"领域，从政策、服务、机制等多个维度为孤儿、事实无人抚养儿童、残疾儿童、流浪儿童、留守儿童等进一步织密织牢保护网底。健全基层儿童保护机制，落实针对困境儿童和受暴力伤害儿童的强制报告义务，并完善相关

工作流程和工作机制。在"儿童与家庭"领域，将面向困境儿童及其家庭的支持和保障作为家庭政策的优先领域。在"儿童与环境"领域特别提出要为欠发达地区儿童、残疾儿童、困境儿童安全合理参与网络提供条件。

"新儿纲"更加注重从立法、执法、司法、普法等方面全方位保障儿童合法权益。"儿童与法律保护"领域积极回应当前社会各界高度关注的儿童监护以及性侵、拐卖、家庭暴力等问题，特别针对落实监护制度，禁止使用童工和保护未成年工，预防和依法严惩性侵害儿童、对儿童实施家庭暴力、拐卖儿童、利用网络侵犯儿童合法权益等违法犯罪行为，提出目标并制定相应策略措施。相信伴随纲要深入实施，相关部门进一步落实主体责任，持续依法严厉打击侵害儿童权益违法犯罪行为，我国儿童权益将获得更加全面的法治保障。

总之，"新儿纲"站在新的历史起点上，为儿童和儿童事业发展擘画了美好前景。未来十年，要按照"新儿纲"提出的目标要求，进一步落实儿童优先原则，更加聚焦新时代儿童发展的新需求，全面提高儿童综合素质，培养造就德智体美劳全面发展的社会主义建设者和接班人，引领亿万中国儿童勇担新使命、建功新时代！

执笔人：佘　宇（国务院发展研究中心）

（原文载于《中国妇女报》2021 年 9 月 30 日）

主动设置儿童发展议题，提升我国全球治理话语权

一、儿童发展的重要性已成为国际共识

过去几十年，儿童发展的重要性在国际社会日益成为共识。科学研究显示，针对儿童发展的干预措施有助于培养儿童的心理韧性以及良好的行为习惯，从而对儿童自身的长期发展（健康、收入、教育等维度）带来长远效益[①]。此外，投资儿童早期发展也被认为是高效且具有长远意义的减贫途径，通过提升儿童身体健康水平、认知能力和社会情感能力，间接减少辍学、降低成年后的犯罪率以及工作效率，从而在源头上遏制贫穷的代际传递、推动社会公平[②]。

除理论研究外，发达经济体和新兴经济体都不约而同地将儿童发展定位为本国人力资本战略和可持续发展的重要组成部分，通过财政支持、专项立法、制定行业标准、培养人才等方式，从不同层面推动了全球儿

[①] 诺贝尔经济学奖获得者詹姆斯•赫克曼（James J. Heckman）一项针对弱势家庭实施儿童早期项目并长期跟踪至儿童30多岁的实验结果表明，在生命早期，大脑如能最大程度地充分发育，儿童就能更好地学习知识和技能。与仅接受营养补充的儿童相比，接受早期启蒙及营养补充的儿童有更好的表现，营养对他们的积极影响因此而得到强化。此外，对儿童早期发展的干预能缓冲压力的负面影响，从而提高了营养摄入的吸收水平。对儿童早期发展的干预已被证明是人的一生中学识水平、学术成就及生产力高低的根基。

[②] 诺贝尔经济学奖获得者詹姆斯•赫克曼（James J. Heckman）认为投资儿童早期发展总回报率为每年13.7%，收益成本比为7.3∶1。

童事业的发展。例如，美国 1965 年开始实施"开端计划"，提供"儿童保育和发展基金"；英国 1997 年启动"确保开端计划"，针对 0~3 岁儿童及其家庭医疗保健、儿童保育、早期教育和家庭教育提供支持；日本 2006 年通过《认定儿童园法》，建立起"幼保一体化"的托育服务体系；印度 1975 年出台"印度儿童综合发展服务项目"并在 2005 年完善成为"儿童发展国家行动计划"，成为全球最大的基于社区的儿童早期发展项目；巴西 2003 年开启"快乐儿童"计划，为处境不利儿童家庭提供支持；等等。

虽然儿童发展在各国取得了一定进展，但儿童多维贫困作为一种复杂、动态的现象仍普遍存在，全球儿童（包括发达国家在内）的发展水平尚有提高的空间。联合国儿童基金会于 2013 年公布的《发达国家儿童福祉报告》显示，其所调查的 29 个发达国家中，相对贫困率超过 10% 的就多达 14 个，其中希腊、意大利、西班牙等国的比率超过 15%，美国则超过 20%；欠发达国家儿童发展面临的问题更加严重，根据 2021 年联合国教科文组织发布的《全球教育监测报告》①，全球学龄前儿童普遍面临社会经济状况、族裔、性别、语言、残障以及地处偏远等诸多障碍，仍有近 40% 的儿童无法接受学前教育。遗憾的是，这个问题还没有从全球可持续发展的层面被予以关注。在联合国千年目标及 2030 可持续发展目标中，虽然儿童发展相关维度被提及，但对具体指标的实现缺乏具体的阐释，也未给儿童发展设置专项目标。

新冠疫情的全球蔓延，更是对儿童这一高脆弱性群体从不同维度带来冲击。其一，疫情大流行导致的直接性疾病影响和相关服务供给的中断（即无法获得教育、保健、住房、营养、卫生设施或水等医疗

---

① 2021年联合国教科文组织发布的《全球教育监测报告》，https://en.unesco.org/gem-report/report-education-all-efa。

及社会服务），对各国儿童的发展带来了不同程度的威胁①。其二，除对儿童自身的影响外，疫情也重创了一些国家涉及儿童发展的相关行业，加深了儿童贫困和社会不平等问题。救助儿童会和联合国儿童基金于 2020 年发布的一项分析研究显示，疫情的影响可能使 8600 万儿童陷入家庭贫困的问题②。国际劳工组织发布的数据显示，疫情发生后，全球只有 26% 的儿童获得社会保护福利，用于儿童社会保护的财政支出仅占 GDP 的 1.1%③。2020 年 3 月，美国 70% 的学前阶段项目停止，导致大量涉及儿童发展的相关行业人力资源流失。这次疫情充分暴露了各国在儿童保护覆盖面、全面性和适应性方面的诸多不足，加深了儿童贫困和不公平的程度，影响了全球可持续发展目标实现进程。

虽然疫情让隐藏在全球化浪潮下的利益、权利、技术、文化等多维层面的冲突得以凸显，但是长远来看，全球化仍然是最大的历史性趋势，设置儿童发展议题是全球治理寻求突破口的合适选择。

从全球治理的角度看，在国际社会设置儿童发展议题已有一定的共识基础。1989 年联合国正式通过了第一部全球范围内保障儿童权利的国际性法律约定——《儿童权利公约》；2000 年各国领导人在联合国总

---

① 联合国儿童基金会2020年的报告《谨防出现迷惘的新冠一代》指出：儿童正面临新的健康风险，他们的教育受到干扰，遭受家庭暴力和饥饿的风险也在增加。全球140个受调查的国家中，32%出现肺炎症状的儿童没有得到治疗；91%以上的学生受到了学校停课的影响；约1/3的国家的保健服务（包括常规疫苗接种、儿童传染病门诊服务和孕产妇卫生保健服务等）覆盖率下降。在135个国家中，针对妇女儿童的营养服务的覆盖率下降了40%。在37个国家和地区，有超过1.17亿名儿童可能错过接种挽救生命的麻疹疫苗（参见：https://www.unicef.org/press-releases/unicef-calls-averting-lost-generation-covid-19-threatens-cause-irreversible-harm）。

② 2020年5月28日，联合国儿童基金会和救助儿童会发布《今年全球将有8600万儿童陷入家庭贫困》。

③ 国际劳工组织《2020—2022年世界社会保护报告：社会保护处于十字路口——追求更加美好的未来》报告指出，儿童在人口中所占比例最大、最需要社会保护的区域的覆盖率和支出率最低，特别是撒哈拉以南非洲（仅占GDP的0.4%）。

部承诺的"联合国千年发展目标"中设置了关于儿童的具体发展目标^①；在"联合国千年发展目标"的基础上，2015 年联合国在可持续发展峰会上正式通过了"联合国可持续发展目标"，在多个发展目标的子目标中提及儿童相关的指标，显示了国际社会层面对儿童治理话题的关注。尤其是当前，国际社会处于疫后国际秩序重建期，各国需要合力重塑新的全球伦理和价值体系，国际社会也亟须达成新的全球性共识来搭建合作框架。相较于地缘政治和经济贸易等国际话题而言，儿童发展话题具有弱政治性、强人权性的特征，在儿童发展领域开展国际合作，协调各国的政治阻力较小，是后疫情时代重建国际秩序容易聚焦的载体和凝聚共识的领域。

二、我国在儿童发展领域的成就在国际上已具备一定影响力

我国政府一直高度重视儿童发展议题。20 世纪 90 年代，国务院就发布了《中国儿童发展纲要》，强调"儿童的生存、保护和发展是提高人口素质的基础，是人类未来发展的先决条件"。21 世纪以来，国务院又先后颁布了《中国儿童发展纲要（2001—2010 年）》和《中国儿童发展纲要（2011—2020 年）》（以下简称"第三周期《纲要》"）^②，将"儿童优先"纳入国家战略，在卫生、教育、福利、社会环境和司法保障等

---

① 如"联合国千年发展目标"4的主题为"降低儿童死亡率"，是体现儿童发展水平的一个显性指标。
② 《中国儿童发展纲要（2021—2030年）》即第四周期《纲要》已于2021年10月正式颁布。

多领域提出了儿童发展的目标任务和策略方法，对进入 21 世纪的中国儿童发展指明了正确的方向，为实现儿童生存、发展、受保护和参与权利提供了重要保障。以 2020 年消除绝对贫困为节点，我国儿童事业发展获得了举世瞩目的成就，全国少年儿童事业发展水平有了较大幅度的提升。

具体进展包括如下四项。其一，儿童健康、营养状况持续改善，儿童生命质量稳步提高。婴儿死亡率、5 岁以下儿童死亡率、18 岁以下儿童伤害死亡率逐年降低，提前甚至超前实现第三周期《纲要》目标，儿童生长发育状况不断改善，儿童低出生体重发生率、5 岁以下儿童贫血患病率、生长迟缓率和低体重率均达到第三周期《纲要》目标的要求[1]。其二，儿童教育普及程度持续提高。国家财政性教育经费占 GDP 比例连续 9 年保持在 4% 以上，教育总体发展水平进入世界中上行列。其三，儿童福利和救助保护机制日益完善，孤儿、残疾儿童、流浪儿童等困境儿童弱势群体得到更多的关爱和保护。其四，儿童生活环境日益改善，儿童社会环境持续优化。儿童权益保障法律法规政策体系更加健全。

在国内儿童事业取得积极进展的同时，儿童发展项目也已成为我国对外援助和国际发展合作的重要组成部分。2016 年以来，我国在南南合作援助基金项下与联合国儿童基金会、世界卫生组织、国际红十字会等 10 余个国际组织机构进行了协作，充分发挥专业能力和渠道优势，在亚洲、非洲、美洲等地区近 50 个国家开展了难民救助、妇幼卫生服务等领域的发展合作项目，2000 多万发展中国家民众因此受益。除政府官方援助外，我国从事与儿童发展有关业务的社会组织在扶贫和帮扶弱势群体领域也积累了丰富的经验，具备了在发展中国家开展相关服务的基础，也积累

---

① 2019年《中国儿童发展纲要（2011—2020年）》统计监测报告，2020年12月19日，http://www.gov.cn/xinwen/2020-12/19/content_5571132.htm。

了丰富的为国际社会所认可的知识产品。例如，中国发展研究基金会在借鉴美国、巴西等国营养改善计划的基础上，同时在世界银行、世界粮食计划署等国际组织的技术支持下，对我国农村偏远贫困地区学生的营养状况进行社会试验，有效利用科学评估和政策报告的成果，推动出台我国贫困农村学生营养改善政策，并持续利用数据分析平台开展第三方大数据监测与评估[①]。再如，中国发展研究基金会"山村幼儿园"项目在2018年获得有教育界诺贝尔奖之称的"全球教育创新峰会大奖"。该项目在经济上成本可控、在效果上积极明显、在兜底上充分保障、在管理上管控到位，项目获奖在一定程度上也是我国探索的方案获得国际层面认可的体现。

三、我国应主动设置儿童发展议题，提升在全球治理中的话语权

当前，由于"一超"的自主卸责，"一超多强"的多元化全球治理体制重新洗牌，第二次世界大战后形成的以联合国为核心的全球治理架构正面临挑战。我国应加大对儿童发展的投入，形成儿童发展的中国模式，并抓住全球治理格局呈现出的暂时性权力及价值真空期，主动设置儿童发展议题，为全世界提供儿童发展与反贫困的公共知识产品，广泛开展相关领域的国际合作与交流，扩大我国在全球儿童治理中的影响力。具体建议包

---

① 评估显示，我国营养改善计划覆盖目标群体数量在全世界170多个实施学校供餐计划的国家或地区中位居世界第三。数据平台的运用创新了民生政策监管方式、用数据技术规范了政策执行、用实证研究提高了政策效果，这在实行学校供餐的世界各国中是首次，是一种儿童发展领域治理模式的创新。

括以下三点。

第一，夯实自身发展基础，加大对儿童发展的投入，将其纳入推进乡村振兴战略和实现共同富裕的阶段性目标之中，构建儿童发展领域的中国模式。建议国家财政增加对儿童发展领域的倾斜力度，发行儿童发展专项国债（例如设立支持脱贫地区儿童发展服务专项、村级学前教育发展专项等）；巩固农村脱贫攻坚战成果，做好孕产妇保健指导、积极推行母乳喂养、加强营养包投入力度等，持续为农村脱贫地区儿童提供营养健康的保障；完善儿童早期发展的服务供给体系，在城市地区推行普惠式婴幼儿照护服务工作，在农村地区实施兜底式早期养育服务工作，通过积极推进儿童发展公共服务的均等化、缩小城乡差距、改善区域发展不平衡现状。从而，以我国儿童的新发展为全球儿童治理工作带来新机遇，也为完善全球治理体系作出中国贡献，促进全球治理体系朝着更加公正科学、普惠包容的方向发展。

第二，借助现有的全球儿童发展倡议框架及平台体系推进儿童议题。以共同目标和价值观作为载体，发挥儿童发展议题的乘数效应，将我国儿童发展与现有国际共识进行耦合。将儿童发展定位为一个立足于讲好世界性议题的中国故事的载体，提炼儿童发展项目背后反贫困、性别平等、社会公平、大健康等国际共识的关联度，让我国提出的"和平、发展、公平、正义、民主、自由的全人类共同价值"成为全球儿童治理的价值引领；依托现有的"一带一路"倡议，将儿童发展作为重要内容纳入倡议中"民心交流"部分，推进与发展中国家在儿童发展项目上的区域合作；在我国新设立的可持续发展大数据国际研究中心平台设立专门的儿童数据专项，将儿童项目相关数据进行整合并将儿童发展的进展进行量化研究，之后纳入《中国落实联合国2030年可持续发展议程国别进展报告》中，阶段性对国际社会进行展示。在现有儿童发展国际会议的基础上，积极推进多国签署的共识性文件及合作性协议，丰富儿童对话交流的层次并推进务实的合作。通过上述努力，为我国主动把握儿童发展议题的话语权，在儿童发展的国际概念中加入中国元素提供发声着力点。

第三，渐进性建立并健全儿童发展领域的国际合作体系，推动多边发展合作进程协同增效。建议在相关计划中设计儿童援助专项，加强儿童发展项目对外输出的专业性和可落地性，着力解决国家间和各国内部儿童发展不平衡、不充分的问题，更好构建全球发展命运共同体。鉴于国家国际发展合作署、外交部、商务部审议通过的《对外援助管理办法》也第一次为国内外民间组织加入我国对外援助体系提供了制度空间，因此我国可在对外援助层面更进一步细化儿童领域范畴，积极鼓励私营部门、民间团体、慈善组织等通力协作，并加强对其他发展中国家儿童发展项目的援助力度。例如，我国2021年在"十四五"规划纲要中明确提出建设和发展普惠托育服务体系，进一步完善婴幼儿照护服务和早期发展的政策体系，以及颁布《中国儿童发展纲要（2021—2030年）》并坚决贯彻深入落实男女平等基本国策和儿童优先原则，在新发展阶段将儿童发展放在国家战略的重要位置。这些都可以成为中美两国在儿童发展领域展开交流与合作的基础。

执笔人：李雨童（中国发展研究基金会）

佘　宇（国务院发展研究中心）

蔡建华（中国发展研究基金会）

（本文成稿于 2021 年 10 月 27 日）

加快托育机构质量标准体系建设刻不容缓

近年来，针对日益凸显的托育服务能力不足的问题，各地政府以及包括民办幼儿园或早教中心、大型企事业单位等在内的各种社会力量陆续举办多种形式的托育机构，增加托育服务供给以满足社会旺盛的需求。在国家和地方一系列政策支持引导下，托育机构数量明显增加，服务供给能力不断增强，但服务质量问题也随之而来。作为提高托育服务质量的基础性工作，在国家层面加快托育机构质量标准体系建设刻不容缓。

一、当前我国托育机构质量标准存在的主要问题

国家层面的托育质量指导标准缺失。2019年10月以来，国家卫生健康委先后印发了《托育机构设置标准（试行）》《托育机构管理规范（试行）》和《托育机构保育指导大纲（试行）》等规范性文件，但由于缺乏托育质量的国家指导标准，无法把上述不同方面的规范从托育机构运行和托育活动过程实施的角度进行整合，从而导致托育服务及其监管在实践中处于"无标可依"或"标准混乱"的状态，不利于托育事业的可持续发展和婴幼儿的身心健康发展。

现有质量标准的科学性有待提升。有的地方虽然制定了托育机构质量试行标准，但由于缺少与其他政策的协调统一，或主管部门为了管理

方便，出现质量标准空泛、要求偏高、难以实际执行的情况。有的托育机构为了追求自身利益最大化，制定或采用的质量标准过于宽松、笼统或要求偏低，难以满足婴幼儿身心健康与安全、生活照料、全面发展以及家庭养育支持等方面的独特要求，服务质量堪忧。一些行业协会或社会组织也陆续发布各类托育服务指南或标准，但因其所处立场的非中立性或专业力量不足、研究过程不够严谨，往往缺乏专业性、科学性和权威性。

二、发达国家普遍具有比较成熟的托育机构质量国家标准：以美国为例

发达国家在托育领域已经有了长期实践，积累了丰富经验，探索和制定了一系列质量评估标准和工具。虽然这些质量标准或工具的使用主体和功能定位各不相同（有的是政府部门规范管理使用，有的是托育机构用来自评，有的则是研究机构评估使用），但大都包含托育环境、安全与健康、人员资质与能力、师幼互动、家长养育支持等方面，并建立了较为科学完善的指标体系，可为我国制定托育质量标准提供有益借鉴。下面以美国为例，对其托育质量标准进行简要介绍。

托育总体质量标准。例如，美国的《儿童早期发展质量评定手册》是用来评定 0~12 岁儿童托育、教育机构质量的工具，其评估内容包括学习环境、一日活动安排、课程、师幼互动和个性化教学等 5 个子量表，共含 75 个选项。又如，美国的"婴幼儿学习环境评量表"（Infant/Toddler

Environment Rating Scale，ITERS）也是一个托育机构总体性质量评估工具。ITERS 针对服务 30 个月以下婴幼儿的托育机构，通过班级观察对婴幼儿的生活和活动环境质量进行综合性评估。最新版的 ITERS-3 量表包含 6 个子量表（空间与设施、个人日常照料、语言和图书、活动、互动、课程结构）、33 个评价项目，采用李克特 7 点评分（1 分为不适宜，3 分最低可接受，5 分为良好，7 分为优秀）。ITERS 量表是世界上应用最广泛的托育质量观察评价工具之一。

托育课程标准。例如，美国幼教协会开发的《发展适宜性教育实践（Developmentally Appropriate Practice，DAP）》（含 3 岁以下内容）自 20 世纪 80 年代问世后历经多次修订，被誉为"美国幼儿教育圣经"，包含了各年龄段儿童的教育理念、理论框架、实践指南和评估标准，为托育机构提供了保教课程及其实施的指南。

托育过程标准。例如，美国的《师婴互动评估量表》包含婴儿和学步儿两个年龄段的量表，通过师婴关系建立的过程视角，从情感支持、行为管理、游戏支持等维度提出了高质量互动、有效促进婴幼儿全面发展的能力要求。

托育人员能力标准。例如，美国的《儿童发展助理（Child Development Associate，CDA）专业能力标准》（含 3 岁以下标准）提出了托育机构保教人员应当具备的 6 大能力目标和 13 个功能领域，分别是建立安全与健康的环境、促进儿童身体与认知发展、促进儿童社交与情感发展、与家庭建立积极有成效的关系、托育机构管理、职业伦理与专业发展等。

三、若干思考和建议

当前，我国托育服务发展正处于改善管理、提高质量的关键起步期，应抓住这一重要时机，加强顶层设计，加快建设高水平的托育机构质量国家标准体系。

国家质量标准建设应当遵循的基本原则。托育质量标准的研制应基于多学科理论基础，紧紧围绕并科学回应 3 岁以下婴幼儿的身心发展和学习需要以及家庭的养育支持需求。托育质量标准（服务 3 岁以下婴幼儿）应与幼儿园教育质量标准（服务 3~6 岁幼儿）有所区别，排除国内目前极为普遍的泛幼儿园化指标干扰。同时，应广泛听取相关从业人员的意见建议，获取服务对象的反馈，构建相对独立、完整的托育质量标准框架。此外，托育质量标准还应尽可能明晰具体、可观测，确保质量评估的科学性、客观性、规范性和可操作性。

进一步明确国家质量标准的主要内容。托育机构质量标准主要包括指标设置、测量方法和运作机制三方面内容，研制质量标准时应尽可能涵盖并予以科学构建。其中，指标设置一般包括结构质量（如人员资质、班级规模、师幼比等）和过程质量（如托育环境、托育课程、保教活动和人际互动等）；测量方法包括现场观察要求、评价信息采集工具的选择和运用；运作机制包括准入机制、定期考评、临时抽查、验收论证、培训指导等。

目前，中国儿童中心承接的国家卫生健康委《托育机构质量评估标准》项目已于 2021 年 8 月正式在卫生健康标准网公开征求意见，并有望在年内发布。未来，在国家托育质量标准的指引下，地方托育行政主管部门和托育行业协会、研究机构等应按照上述基本原则和主要内容，因地制宜，科学研究制定托育机构质量的地方标准和行业标准，引领广大托育机构通过内部自评与外部评价的推动，持续改进和提升服务质量，从而更好地支持和促进婴幼儿的身心健康与全面发展。

执笔人：佘　宇（国务院发展研究中心）

郝志荣（中国国际发展知识中心）

李克建（浙江师范大学杭州幼儿师范学院）

王　磊（浙江师范大学杭州幼儿师范学院）

（原文载于《教育家》学习强国号 2021 年 10 月 28 日）

"新儿纲"擘画新时代儿童发展和儿童事业

国务院制定并于 2022 年 9 月 27 日颁布实施第四周期的中国儿童发展纲要——《中国儿童发展纲要（2021—2030 年）》（以下简称"新儿纲"）从健康、安全、教育、福利、家庭、环境和法律保护 7 个领域提出了到2030 年儿童发展应当达到的总体目标。"新儿纲"是未来十年我国全面推动儿童发展和儿童事业的基础性文件，既是政策纲领，更是行动计划，为新时代儿童发展和儿童事业擘画了美好前景，其亮点和创新之处主要体现在以下三个方面。

一、以习近平新时代中国特色社会主义思想作为指导思想

新时代孕育新思想，新思想指导新实践。"新儿纲"最大的亮点和创新之处是明确以习近平新时代中国特色社会主义思想作为指导思想。中国特色社会主义进入新时代的论断不仅确立了我们党的事业新的历史方位，也确立了儿童发展和儿童事业新的历史方位，对科学认识形势和任务具有重要指导意义。

党的十八大以来，我国儿童健康和营养状况持续改善、生命质量稳步提升，儿童教育普及程度持续提高，困境儿童弱势群体得到更多关爱和保护，儿童生活环境日益改善、社会环境持续优化，儿童权益保障法

律法规政策体系进一步完善。可以说，我国儿童发展和儿童事业取得了历史性新成就。但必须清醒认识到，我国还是世界上最大的发展中国家，还处在社会主义初级阶段，与人民日益增长的美好生活需要相比，儿童事业发展不平衡不充分问题仍然较为突出。随着我国经济社会的快速发展，儿童发展也正面临多方面的重大挑战，儿童事业使命艰巨、任重道远。

我国已经进入老龄化社会，人口结构正在发生重要改变，儿童的绝对数量和所占人口比例都在下降，要保持经济社会可持续发展，持续打造高质量人才队伍，需要政府、家庭、学校、社会共同努力帮助儿童健康成长。与此同时，城镇化进程正在不断深化，虽然我国历史性地解决了绝对贫困问题，脱贫攻坚战取得全面胜利，但是城乡、区域、群体差距仍然较大，要实现城乡之间、社会阶层之间的更加公平，需要各方面及早调整政策，为儿童未来发展创造条件。此外，当前科技发展日新月异，科技进步和生活方式变革也带来诸多新挑战，特别是人工智能的发展使未来的就业和劳动力市场都发生了深刻变化，培育儿童拥有与之匹配的知识体系和思维方式，也需要未雨绸缪作出计划和安排。

落实"新儿纲"就是要深入贯彻习近平总书记关于儿童和儿童工作的一系列重要论述和重要指示批示精神，坚持目标引导、问题导向、需求牵引和使命引领，坚定不移贯彻新发展理念，坚持以人民为中心的发展思想，坚持中国特色社会主义儿童发展道路，坚持和完善最有利于儿童、促进儿童全面发展的制度机制，落实立德树人根本任务，优化儿童发展环境，保障儿童生存、发展、受保护和参与权利，全面提升儿童综合素质，为实现第二个百年奋斗目标、建设社会主义现代化强国奠定坚实的人才基础。

二、以坚持党的全面领导作为首要基本原则，首次提出坚持促进儿童全面发展

党政军民学，东西南北中，党是领导一切的，儿童发展和儿童事业也不例外。"新儿纲"的第二个亮点和创新之处就是明确把坚持党的全面领导作为首要基本原则，强调要把握儿童事业发展的政治方向，贯彻落实党中央关于儿童事业发展的决策部署，切实把党的领导贯彻到儿童事业发展的全过程和各方面。与此同时，"新儿纲"也首次把坚持促进儿童全面发展作为基本原则，强调要尊重儿童的人格尊严，遵循儿童身心发展特点和规律，保障儿童身心健康，促进儿童在德智体美劳各方面实现全面发展。此外，"新儿纲"还将儿童利益最大化融入坚持对儿童发展的优先保障之中，强调要在出台法律、制定政策、编制规划、部署工作时优先考虑儿童的利益和发展需求；强调要消除对儿童一切形式的歧视，而不限于户籍、地域、性别、民族、信仰、受教育状况、身体状况和家庭财产状况；强调要尊重儿童主体地位，而不限于畅通儿童意见表达渠道和重视、吸收儿童意见。

我国儿童事业发展之所以取得举世瞩目的成绩，儿童发展水平之所以有了较大提高，归根结底离不开党和政府的关心和领导，离不开社会各界的共同努力。20 世纪 90 年代，国务院就发布了《中国儿童发展纲要》，强调"儿童的生存、保护和发展是提高人口素质的基础，是人类未来发展的先决条件"。21 世纪以来，国务院又先后颁布了《中国儿童发展纲要（2001—2010 年）》和《中国儿童发展纲要（2011—2020 年）》，在健康、教育、福利、社会环境和法律保护等多领域提出了儿童发展的主要目标和

策略措施，为步入新世纪的儿童发展指明了十分清晰的边界和方向，为儿童生存、发展、受保护和参与权利的实现提供了重要保障。

党的十八大以来，中央把培养好少年儿童作为一项战略性、基础性工作，更加关注儿童发展状况，《国家贫困地区儿童发展规划（2014—2020年）》等一系列重大儿童政策相继出台，进一步加大了对留守儿童、困境儿童、残障儿童的关爱和保障力度，并按照"儿童优先"原则，以健康和教育为重点，大力开展贫困地区儿童成长早期干预，在城镇儿童实现更加全面发展的同时，也让农村儿童能够拥有阳光的童年。

落实"新儿纲"就是要把党的领导贯穿于纲要组织实施全过程，贯彻党中央关于儿童事业发展的决策部署，巩固完善党委领导、政府主责、妇女儿童工作委员会协调、多部门合作、全社会参与的工作机制，更加突出儿童权利的优先保障，更加注重家庭、学校、社会和网络对儿童全方位全过程的综合保护，更加强调促进儿童发展和保障儿童权利的体制机制建设和公共服务体系建设。

三、丰富儿童发展领域新内涵，更加突出强调立德树人、儿童友好和家庭生育养育教育支持

人生百年，立于幼学。重视儿童是一个国家、一个社会文明进步的标志。最大限度满足儿童发展需要，充分发挥儿童潜能，特别是为处境不利儿童提供公平的发展机会，有利于打破贫困代际和结构性循环、减少不平等、缩小社会差异，也为经济持续增长、社会的稳定和公平奠定坚实基础。"新儿纲"的第三个亮点和创新之处就是在健康、教育、福利、环

境和法律保护五大发展领域的基础上，调整增加安全和家庭两个领域（纳入自然环境相关内容后，社会环境也扩展为环境），进一步丰富儿童发展领域新内涵。与此同时，"新儿纲"也更加突出强调立德树人、儿童友好和家庭生育养育教育支持的内容，把立德树人作为主线贯穿始终，通篇贯彻儿童友好的理念，努力营造儿童友好的社会环境，切实加强缓解育儿压力、满足生育意愿、提高养育能力的配套支持。

儿童是祖国的花朵，是国家的未来和希望，儿童安全的重要性再怎么强调都不过分。为儿童撑起一片安全成长的天空，是成年人的义务，也是国家和全社会的责任，为儿童发展保驾护航，人人责无旁贷。"儿童与安全"领域的单设，充分体现了"新儿纲"对儿童安全的高度重视。家庭是人们开启幸福生活、放飞人生梦想的起点，也是社会和谐、国家发展的基点。习近平总书记关于家庭家教家风建设的一系列重要论述，更是为新时代家庭家教家风建设提供了根本遵循。"儿童与家庭"领域的单设，正是"新儿纲"对此作出的积极回应和有效落实。前不久，中共中央、国务院《中共中央 国务院关于优化生育政策促进人口长期均衡发展的决定》作出"一对夫妻可以生育三个子女"的重大决策，"新儿纲"也在"儿童与家庭"领域丰富了实施三孩生育政策及配套支持措施的相关内容。

德是首要、是方向。党的十八大把"立德树人"明确为教育的根本任务，党的十九大进一步提出要"落实立德树人根本任务"，中共十九届四中全会对完善立德树人体制机制提出新的具体要求，中共十九届五中全会指出要全面贯彻党的教育方针，坚持立德树人。立德树人，关系党的事业后继有人，关系国家前途命运。德"立"住了，人才能"树"起来，才能真正成为对国家、社会有用的人才。正因为如此，"新儿纲"紧扣立德树人，在"儿童与教育"领域明确提出"全面落实立德树人根本任务，培养德智体美劳全面发展的社会主义建设者和接班人"的主要目标，以及"全面贯彻党的教育方针"和"培养儿童良好思想道德素质、法治意识和行为习惯"的策略措施；在"儿童与家庭"领域明确提出"发挥家庭立德树人第一所学校作用，培养儿童的好思想、好品行、好习惯"的主要目标和"将立德树人落实到家庭教育各方面"的策略措施。

儿童友好是理念，更是实践。坚持儿童友好，就是要充分保障儿童生存、发展、受保护和参与权利，为儿童的全面发展提供适宜的政策、空间、环境和服务；就是要把儿童的需求放在更为重要的位置，通过儿童优先、儿童参与，实现家庭友好、工作友好、社会友好。为推动"儿童友好"从理念走向实践，"新儿纲"在"儿童与环境"领域明确提出"将儿童优先理念落实到公共政策制定、公共设施建设、公共服务供给各方面，尊重、爱护儿童的社会环境进一步形成"和"建设儿童友好城市和儿童友好社区"的主要目标，以及"全面贯彻儿童优先原则"和"开展儿童友好城市和儿童友好社区创建工作"的策略措施。

发展普惠托育服务体系，有利于优化儿童发展环境，降低儿童发育风险，实现儿童早期健康发展，从源头上提高人口素质。随着我国人口发展从控制数量为主向调控总量、优化结构和提升素质并举转变，加快发展普惠托育服务体系，已成为降低家庭生育成本、提高家庭生育意愿和养育能力，促进人口长期均衡发展的重要举措，必须下大力气补齐这一短板。为落实中央决策部署，推动三孩生育政策有效落地，切实加强家庭生育养育教育支持，"新儿纲"在"儿童与健康"领域明确提出"促进城乡儿童早期发展服务供给，普及儿童早期发展的知识、方法和技能"的主要目标和"加强儿童早期发展服务"的策略措施；在"儿童与福利"领域明确提出"加快普惠托育服务体系建设，托育机构和托位数量持续增加"的主要目标和"发展普惠托育服务体系"的策略措施；在"儿童与家庭"领域明确提出"支持家庭生育养育教育的法律法规政策体系基本形成"的主要目标和"完善支持家庭生育养育教育的法律法规政策"的策略措施。

落实"新儿纲"要站在新的历史起点上，准确把握新时代我国社会主要矛盾发展变化和经济社会发展新趋势，更加聚焦新时代儿童发展新需求新期待，全面落实立德树人根本任务，建立全员、全过程、全方位育人体制机制，大力推进家庭家教家风建设，为家庭生育养育教育提供更多支持和保障，为儿童安全、健康成长和全面发展营造更加友好的外部环境。

执笔人：佘　宇（国务院发展研究中心）

（原文载于《中国经济时报》2021 年 11 月 9 日）

优化生育政策，让更多家庭"生得起、养得好"

2021 年中央经济工作会议强调，社会政策要兜住兜牢民生底线。其中提到，要推动新的生育政策落地见效，积极应对人口老龄化。

人口老龄化和家庭少子化正在成为我国人口发展的主要特征，也是今后较长一个时期的基本国情，对代际平衡和社会保障制度可持续与服务提供带来较大影响，对国家人口安全、社会安全、经济可持续发展形成严峻挑战。

国务院发展研究中心社会和文化发展研究部研究员佘宇在接受中国经济时报社记者专访时表示，中央经济工作会议强调要推动新的生育政策落地见效，积极应对人口老龄化，再次表明了中央对实现人口长期均衡发展这一事关国家发展全局、事关亿万百姓福祉、事关社会和谐稳定、事关全面建设社会主义现代化国家的重大问题的高度重视，以及进一步统筹推进经济发展和民生保障、兜住兜牢民生底线的重大决心。

一、构建积极生育支持政策体系将是核心

《中国经济时报》：您认为，优化生育政策的核心在哪？2022 年新的生育政策将偏向哪些方面？

佘宇：保障优化生育政策的目标顺利实现，核心在于构建积极生育支

持政策体系，推动中央作出的"一对夫妻可以生育三个子女"的重大决策有效落地，关键是出台一系列有助于缓解育儿压力、满足生育意愿的配套支持措施。

鉴于育儿成本过高已成为抑制生育意愿的主要因素，2022 年必须通过适当的公共政策干预，构建包括健康、教育、住房、税收、公共交通等在内的家庭福利政策，营造家庭友好、育儿友好的政策环境和社会氛围，实现育儿成本的合理分担，才能减轻家庭尤其是多孩家庭抚养幼儿的经济和人力负担，最大程度释放生育潜力。

考虑到当前我国托育服务需求仍很迫切，总体短缺状况仍未得到根本扭转，加之机构选址难、运营成本高、风险责任大等问题仍很突出，为了如期实现国家提出的每千人口拥有 3 岁以下婴幼儿托位数的指标要求以及相关建设任务，更好满足广大家长殷殷期盼的安全优质、价格适中、方便可及的美好托育服务需要，2022 年仍须在发展普惠托育服务体系、有效增加普惠性托育服务供给方面下大力气。

二、降低育儿成本，让更多家庭"生得起、养得好"

《中国经济时报》：您认为，要推动新的生育政策落地见效，需破解哪些难点和痛点？具体如何落实？

佘宇：生育行为是多重因素综合作用的结果，当前，过高的育儿成本已经成为制约生育的主要因素，"养不起、没人带"等造成生育意愿较低的问题已经集中凸显。因此，推动新的生育政策落地见效，需要着力破解社会化托育服务严重不足、公益性学前教育服务短板较大、教育机会不均衡加剧民生焦虑、儿童和家庭发展的公共政策支持力度弱等难点和痛点。

从具体的推动落实举措来看，可从以下四方面着力。

一是加快探索多种形式的托育服务模式，积极扩大社会化托育服务资源，形成家庭主责、社区依托、机构补充、社会支持的育儿服务新格局。将家庭育儿指导纳入社会公共服务内容，积极扩大公益性育儿指导资源，探索建立公益性育儿指导服务机构，开发公益平台和课程资源，积极开展公益性育儿指导和实践获得，提高家庭育儿素养和能力。充分发挥城乡社区公共服务设施的功能，通过场地和硬件支持、购买服务等，支持专业服务机构依托社区加强网点建设，提供就近的全托、上门、短时托管、突发情况救护等多元化服务。

二是科学规划布局，多渠道挖潜增量，加大政策扶持力度，扩大普惠性幼儿园供给和覆盖率，更多提供"面向大众、收费较低、质量合格"的普惠性学前教育服务。加强省级统筹，综合考虑人口数量结构变化和城镇化的进程，逐步提高公办幼儿园比例。加强城镇小区配套幼儿园建设并及时纳入属地行业管理。

三是增进教育公平、缓解教育焦虑，关键是政府要公平对待城市和农村教育，公平对待区域内的每一所学校，在教育资源配置上要尽可能做抬高底部、雪中送炭的事情。调整优化教育资源配置结构，深入推进义务教育优质均衡发展，进一步缩小学校之间办学条件和教育质量等差距。城镇地区要注重解决"大班额"问题，农村地区则要注重解决"教育质量不够好"问题。

四是针对有孩家庭、多孩家庭的实际需求，通过公共服务设施、现金转移支付、税收优惠、直接服务与其他服务等途径，有效促进育龄女性工作与家庭的平衡，提高家庭为儿童提供养育、教育等服务的能力，使家庭能够自主决定生育的地点和时机，充分激发育龄夫妇再生育意愿。坚持男女平等基本国策，强化两性在家庭抚育方面的平等责任，增强产假灵活性，为父亲育儿创造条件，创造家庭共同承担养育责任的良好氛围。健全工作福利制度，保障劳动者特别是女性的合法就业权益，减轻生育对女性在就业、晋升等方面显性或隐性的歧视。探索更加灵活的工作模式，为有育儿需求的员工进行远程办公、居家办公等提供便利。

（原文载于《中国经济时报》2021 年 12 月 16 日）

合理分担育儿成本是释放生育潜力关键

我国人口老龄化程度正在加深，为积极应对人口老龄化，2021 年中央经济工作会议强调，要推动新的生育政策落地见效。

国务院发展研究中心社会和文化发展研究部研究员佘宇在接受中国经济时报社记者采访时表示，要推动新的生育政策落地见效，需要从优化托育服务和学前教育服务，保障教育机会公平均衡，加大公共政策支持力度等方面重点切入，合理分担育儿成本，释放生育潜力。

调查显示，我国 3 岁以下婴幼儿入托率仅为 5.5% 左右，供给和需求缺口还比较大。

佘宇建议，要充分考虑各地国土空间规划、服务人口和半径等情况，通过新建、改扩建等多种方式，统筹托育服务设施数量、规模和布局，构建公办机构示范指导、普惠性机构基本保障、非普惠性机构多元补充的托育服务基本格局。通过财政补贴、税费减免、水电气等优惠和场地、设施等方面的支持，进一步疏解社会力量进入托育服务市场的堵点和难点，鼓励其参与推动托育服务设施建设和运营，并依托社区提供普惠性托育服务。加强托育行业监管，严格从业人员准入管理，加紧研究制定机构管理规范、从业人员资格标准和行为规范，加强安全、卫生、保健等常态化监管，强化行业自律、托育质量评价与监测。

虽然目前已基本建成广覆盖、保基本、有质量的学前教育公共服务体系，但公益性学前教育服务短板仍存。

佘宇表示，要科学规划布局，多渠道挖潜增量，通过利用城市更新、产业结构调整腾退出的空间新建或改扩建幼儿园。加强政府财政保障和收费行为监管，实行全行业属地化管理。坚持公办民办并举，大力支持民办幼儿园发展。在保障安全的前提下，适当调整或放宽现有的场地、面积等准入门槛，扩大学前教育资源供给。整合各项资金，设立专项，完善农村幼儿园布局，探索实行乡村公办园教师生活补助政策，着力补齐农村学前教育短板。多出真招硬招，扩大高质量幼儿教师队伍建设，加强对现有幼儿教师的全员培训特别是科学保教专业能力培训，形成教师专业成长的长效机制，同时创新补充机制，通过政府购买服务、特岗计划、接收免费师范生等拓宽教师补充渠道。

除优化托育服务与学前教育服务外，教育公平问题也是大众广为关心的。

"要增进教育公平，尤其是城市和农村教育的公平。"佘宇表示，要全面振兴乡村教育，紧盯控辍保学，巩固动态清零成果。继续实施乡村教师生活补助政策，不断提升其待遇水平。加强中小学线上教育教学资源建设与应用，完善国家数字教育资源公共服务体系，尤其要加快解决农村地区教学数字化发展在资源、师资、硬件等方面存在的短板，充分发挥其有效促进教育均等化的作用。坚持教育公益性原则，完善成本合理分担机制，加大教育资助和经费保障力度，规范治理不合理收费、乱收费、违规收费等问题，有效缓解家庭子女教育支出压力，也为家庭"减负"。

此外，针对目前儿童和家庭发展的公共政策支持力度弱的问题，佘宇认为，可以通过公共服务设施、现金转移支付、税收优惠、直接服务与其他服务等途径来解决。

（原文载于《中国经济时报》2021年12月24日）

支持家政企业扩大育儿服务的几点建议

增加普惠性托育服务供给是缓解育儿压力、增强生育意愿的重要举措。《中共中央 国务院关于优化生育政策促进人口长期均衡发展的决定》明确将"支持家政企业扩大育儿服务"作为发展多种形式普惠服务的内容。近年来，育婴育儿是我国家政服务行业发展最为迅速的业态[①]，由家政企业派出月嫂、育儿嫂提供服务，既符合家庭为主的育儿习惯，也是就近满足家庭婴幼儿照护需求的有效途径。在规范的机构式托育资源总体不足[②]、幼儿园托班难以向低龄婴幼儿延伸、社区托育和家庭托育点刚刚起步的情况下，支持家政企业扩大育儿服务不仅有助于弥补托育服务体系缺口，也有助于进一步推动形成家庭为主、机构补充的婴幼儿照护格局。

一、家政企业扩大育儿服务的优势明显

（一）人力资源优势

无论何种模式、何种机构，人力资源都是托育服务最重要的组成部

[①]　商务部发布的《中国家政服务行业发展报告2017》显示，家政服务的经营业态中，母婴护理的占比为30.2%，超过其他业态。2017年之后，商务部未再公布相关数据。我们2020年对87家家政企业开展的问卷调查显示，开展月嫂、育儿嫂业务的占比分别为96.5%和95.4%。

[②]　"七普"数据显示，我国3岁以下婴幼儿约有4164万名。尽管机构式托育一直被视为托育服务提供的主体，但截至2021年11月中下旬，全国托育机构备案信息系统中仅有6756家机构通过备案。换言之，平均每万名3岁以下婴幼儿才有1.62家通过备案的托育机构，规范的机构式托育资源供给严重不足。

分，特别是随着年轻父母对婴幼儿养育质量的重视程度不断提升，高素质、高技能的从业人员在托育服务中的关键支撑作用更加凸显。经过多年的发展，家政服务行业划分出母婴护理员（月嫂）、育婴员（育儿嫂）、健康照护师等职业类型，基本形成了不同阶段、不同方向婴幼儿照护服务从业者的资质条件和技能标准。

商务部的数据显示，目前全国家政服务员总数已超过 3000 万人，如果按照 2017 年商务部统计的比例计算，从事母婴服务的从业人员已经达到近 1000 万人。其中，母婴护理员是家政服务员职业的下设工种，工作内容是为产妇、0~3 个月的新生儿提供照护，既包括膳食起居照料，也包括技术护理、母乳喂养指导、婴儿五项能力训练等内容；育婴员是在 0~3 岁婴幼儿家庭从事婴幼儿日常生活照料、护理和辅助早期成长的人员[①]，实践中，育婴员的工作与母婴护理员工作互相衔接；健康照护师是人社部 2019 年发布的新职业，是指运用基本医学护理知识与技能，在家庭、医院、社区等场所，为照护对象提供健康照护及生活照料的人员，健康照护师的服务对象比较广泛，其中就包括了照护婴幼儿生活起居与活动，提供喂养、排泄、洗浴、抚触、睡眠、生长发育促进及心理健康照护措施。

从职业类型和人才储备情况看，家政服务领域的育儿相关职业人员数量庞大，既可以弥补托育机构在招收低月龄婴幼儿方面的能力不足问题，也可以基本覆盖婴幼儿照护需求的各个方面，具有相当大的灵活性。

（二）专业技能优势

托育服务人员需要具备对婴幼儿身体照护、认知开发、情绪发展等多方面的技能，目前母婴护理员、育婴员的职业标准和培训课程都已经将这

---

① 《国家职业技能标准：育婴员》（2019年版）。

些内容纳入必修课。

根据国家职业技能标准，初级母婴护理员要掌握新生儿与婴幼儿喂养照护、生活照护以及抚触、生理性黄疸的观察照护等技术护理技能，中级母婴护理员要进一步掌握新生儿与婴幼儿技术护理技能、感知觉训练技能和五项能力训练技能，高级母婴护理员要能够护理发热、肺炎、呼吸系统疾病、消化系统疾病的新生儿，并且能够培养婴幼儿生活能力和进行感统训练。育婴员的技能要求比母婴护理员更全面，包含了生活照料、保健与护理、健康状况观察与及时应对以及动作、语言、认知、情感能力的培养。

（三）资源整合优势

相较于托育服务，家政服务一直处于持续稳定发展的阶段。从 20 世纪 80 年代初国内第一家家政服务机构——北京三八家政服务中心成立至今，已有近四十年的发展历程，家政服务业的服务内容、业态都得到了较为充分的发展。随着人口老龄化、少子化的影响逐渐显现，养老护理、病患陪护等照护服务近年来也成为家政服务中最为突出的增长点。面向老年人与病患的照护服务与婴幼儿照护存在内容和专业上的差异，但在服务模式选择、服务资源的获取和提供等方面具有许多共同点。由家政企业整合人力、空间、政策等各类资源，统筹提供这些照护服务以及其他家务服务，既可以就近解决相关需求，也有利于整体解决家庭"一老一小"服务需求，避免资源重复投入。

（四）"软实力"优势

从实践情况看，托育服务和家政服务都属于家庭服务的大范畴。无论是何种业态，在以家庭为对象的服务中，除了显性的具体操作技能外，服从性、沟通交流、对家庭和家庭关系的理解、职业伦理等"软实力"方面同样具有共通性。这些与家庭服务需求深度契合的"软实力"是一种隐性优势，且是基础性、根本性的要求，且随着经济社会发展和家庭需求的提升，越来越成为家政服务发展不可或缺的内容。在长期的服务实践中，家政企业和从业人员的"软实力"不断提升，特别是一些龙头企业，非常重视"软实力"与企业文化的融合，积累了大量经验。由家政企业扩大育儿服务，同样可以给予托育服务"软实力"方面的支撑。

（五）空间区位优势

在空间上，托育服务主要依托单位、社区和家庭，不同的举办模式各有侧重，这与家政企业的服务空间高度重叠。家庭是家政服务的主要场所，家政企业和从业人员整体上对家庭的物理环境与社会环境都有较为深入的了解，进入家庭提供托育服务，指导家庭创造适合婴幼儿生长发育的环境也是家政服务的内容之一。经过多年的发展，家政企业进入社区的步伐逐步加快，《国务院办公厅关于促进家政服务业提质扩容的意见》更是明确提出要"推动家政进社区""支持家政企业在社区设置服务网点"。一些大中型家政企业利用社区综合服务设施和其他性质的房屋在社区驻点，融入社区的程度不断加深，家政育儿服务的半径大幅缩短，服务效率明显提升，给家政企业利用社区空间资源扩大育儿服务奠定了良好基础。

二、家政企业扩大育儿服务面临的挑战

虽然家政企业具备扩大育儿服务的基础，但由于服务内容、形式和设施设

置等方面的差异，以及市场环境、政策支持侧重点的不同，仍面临不少挑战。

（一）技能水平

母婴护理员、育婴员的技能虽然覆盖了托育服务的基本内容，但随着家长对子女照护与教育的要求不断提高，特别是对 0~3 岁早期发展重视程度的快速提升，家政从业人员的技能水平仍难以有效满足，主要表现在两个方面。

一是当前家政从业人员掌握的婴幼儿照护服务技能主要内容集中在"养育"方面，包括膳食营养、保健卫生等，智力开发、情绪关照等方面虽也有涉及，但相对较为薄弱，熟练开展这些方面服务的能力不足。由于家政从业人员的来源主要是农村进城务工人员，整体文化水平不高①，通过培训接受这些方面知识和技能的能力有限，服务水平参差不齐，存在技能短板。

二是家政服务职业技能培训的质量整体不高，除了少数大型家政企业有较为完备的培训体系外，多数家政服务职业培训仍属于"粗加工"②。培训时间短、培训质量不高、实训力度不足，甚至存在未经过培训直接上岗以及"干中学"或者先上岗再培训的情况，这都会影响服务质量。

（二）安全性

婴幼儿的安全性是托育服务第一位的要求。近年来，多起保姆虐童案、保姆给婴幼儿喂安眠药案等恶性事件广受社会关注。家政育婴育儿的服务场所主要在家庭内部，在没有家人在场的情况下，从业人员不受任何

---

① 根据我们的问卷调查，家政服务员中，初中学历占45%，高中学历占27%，中专、技校、高职学历占11.1%。

② 此说法来自调研中一位地方政府从事家政培训的工作人员。

监督，行为缺乏约束，照护服务的安全性主要靠其个人的道德水准保障。即便是一些家庭安装有监控摄像头等技术设备，也无法完全杜绝类似安全隐患的发生。

（三）盈利模式

随着政府各项支持政策的陆续出台，已有一些主营母婴服务的家政企业尝试进入托育服务领域。但受各种因素影响，目前家政企业扩大育儿服务尚未形成可持续的盈利模式，主要的原因包括：一是目前政策支持的方向主要是托育服务机构，面向每个托位进行补贴或给予综合补贴，是一种"重设施，轻服务"的支持模式；而家政企业主流的模式是"重服务，轻资产"，服务场所依托家庭住宅，政策支持的集中化、机构式托育服务模式与家政企业分散化、居家式的育儿服务之间存在一定冲突，使得家政企业难以从政策中获得支持。

二是家政企业的主要盈利点是中介费，即成功匹配家政服务员与雇主家庭后，由某一方或双方支付一定的中介费。根据不同的工种，中介费的支付形式有些是按时间收取（如一年、一个季度），有些则是按单收取，且绝大多数情况下，服务费是直接支付给家政服务员的。托育机构的盈利则是通过服务付费的方式，收入减去成本后获得利润。对于家政企业而言，这种盈利模式的转变以及随之而来的经营策略的转变将是一个很大的挑战。

（四）服务模式

与盈利模式相关的是服务模式，家政服务的服务模式主要是居家式、分散化的，只有在养老院或者医院的病患陪护等是家庭外的集中服务，且集中服务所占的比重较小。母婴护理员、育婴师提供的也是居家一对一的服务。但除一对一以外，托育服务还包括机构式托育、社区托育等集中模式，社区和居家相结合的模式也将有较大发展空间。随着人口老龄化和老年照护服务需求的增加，未来家政企业的规模可能会逐渐扩大，社区服务网点数量会不断增加，为家政企业扩大育儿服务提供一定的基础。但是，家政企业如果开展基于社区或专门机构的托育服务，在服务的流程、规范方面都会和居家式服务存在很大差异。

三、相关思考和建议

（一）发挥需求侧管理优势，明确家政企业扩大育儿服务方向

家政企业扩大育儿服务需要"扬长避短"，以家政服务熟悉和擅长的社区和居家环境为主要方向，在前期开展的社区服务、家政服务基础上，将社区托育服务、居家托育服务以及家庭托育点作为主要方向，梳理服务流程和基本规范。这些服务模式与家政服务较为相近，属于"轻资产"模式，可以延续家政服务的基本运作框架，而家政企业最需要投入的是人力资源；同时，这些服务模式在空间上属于"近家庭"范围，家政企业扩大育儿服务也可以充分利用家庭和社区的住房、人员等资源。

（二）统筹相关政策资源，为家政企业扩大育儿服务营造良好环境

当前，国家不仅对家政企业提供了税费、金融、住房、水电、人力资源等方面的支持政策，而且对社会力量举办机构式托育服务给予了大力补贴。对于家政企业扩大育儿服务，特别是在社区开展托育服务的，

应将这些政策资源集成，给予家政企业最大力度的支持。这样既可以发挥家政企业的多重优势为不同形式的托育服务提供补充服务，也可以为家政企业独立开展多种形式的托育服务提供支持。同时，围绕"痛点"问题，进一步创新和完善有关政策，包括出台家庭托育点管理办法，探索家庭托育供需双方的补贴政策，丰富家庭场所内托育服务的综合监管手段，引入家政育儿服务的社会评价和监督机制，将家政育儿从业人员纳入托育服务从业人员管理和职业技能培训范围，协调社区资源解决家政企业开展托育服务的场所问题。

（三）统筹各类公共资源，提高居家和社区照护服务效率

家庭是照护服务的主要场所，无论是养老还是育幼服务，都是以家庭作为对象提供的专业化服务。随着人口老龄化、家庭少子化，社区成了承载这些服务的主要载体，将来应当在社区形成"一托 N"的服务格局，即以社区为依托，整合社区内的用房等各类资源，综合提供家政服务、托育服务、养老服务、卫生服务等。根据服务性质是普惠性、营利性或是公共服务，采用不同的运营模式，并根据社区居民的需求情况，将社区资源在不同服务之间灵活调配，最大限度提高服务效能。同时，还需要加强不同主管部门之间的沟通协调，促进资源的合理配置和高效利用。

（四）培养职业化人才，提高不同层次的服务质量

无论是家政服务还是托育服务，高素质的人才都是高质量服务的重要保障。针对当前专业化、职业化人才短缺的情况，应重点从以下方面着力。一是大规模、多层次、高质量开展职业技能培训，从标准制定、师资培养、教学研究、设施设备等方面夯实培训基础，加强实训环节的课时投

入，进一步提高沟通协调、服从性、职业伦理等"软实力"在培训中的比重，打通获取政府培训补贴资金的堵点，让更多的从业人员获得培训补贴。二是畅通职业发展通道，鼓励长期从业。纵向上，进一步拉长职业技能等级，在当前国家职业技能等级的基础上，设置更加精细化的企业内部职业发展通道，拉长从业人员职业晋升通道，为其提供更强的发展激励。横向上，设置技术专家、机构业务经理、培训讲师等多元化发展路径，并建立不同路径之间的职业通路，为从业人员的成长发展设计更多可能性，激励其稳定就业、提升技能、获得发展。

（五）完善行业信用制度，确保家庭托育服务的安全性

针对家庭托育服务可能面临的安全性问题，可以从制度和技术两个层面着手，提高防范能力。制度层面，通过家政行业信用信息平台采集家政企业和从业人员的相关信息，形成家政信用信息数据库，并与公安等其他部门进行数据比对，以此作为维护行业安全的制度抓手。同时，将平台数据向行业协会开放，将政府监管与行业自律有机结合。技术层面，探索区块链等新技术在行业规范中的作用，通过服务机构和人员的信息上链，提高诚信信息的透明度和可靠性。

执笔人：佘　宇（国务院发展研究中心）

韩　巍（中国劳动和社会保障科学研究院）

（本文成稿于 2021 年 12 月 27 日）

加大托育服务投入，助力经济社会可持续发展

——拉丁美洲和加勒比海地区托育服务的主要做法及启示

拉丁美洲和加勒比海地区（以下简称"拉加地区"）的儿童托育服务最早出现在 19 世纪晚期，但只是零星存在。20 世纪 50 年代，随着工业化、城镇化的发展，农村人口大量流动到城市，外出打工家庭的婴幼儿需要照护；与此同时，城市经济状况较好的家庭出现了改善儿童早期教育的需求，相关服务随之发展起来，但速度比较缓慢，服务供给也很有限。直到 90 年代，为应对快速城镇化带来的社会差距加大和不平等等新贫困问题以及积累人力资本，拉加地区各国开始积极推行各种类型的儿童托育服务项目[①]。有些项目经过试点、评估，不断完善，产生了明显的效果，进而扩大为全国性项目，有些项目则作为典范在其他发展中国家及地区推广。

根据联合国拉丁美洲和加勒比经济委员会及世界银行等机构的研究，拉加地区托育服务项目对于促进家庭、女性就业和经济社会发展等方面均产生积极影响。其中，自 20 世纪 90 年代至 2018 年，女性劳动力市场参与率平均增加 12%，家庭收入平均增加 10.5%，对于缩小弱势家庭儿童与非弱势家庭儿童在学业、就业和收入方面的差距，改善人力资本存量、促

---

① 有代表性的项目主要包括智利"全国保育园委员会"项目（Jardines Infantiles de la JUNJI）、哥伦比亚"社区福利院"项目（Hogares Comunitarios de Bienestar）、阿根廷"托育园"项目（Jardines de Infantes）、巴西"儿童发展空间"项目（Espacios de Desarrollo Infantil）、乌拉圭"我们的儿童"项目（Programa Nuestros Niños）和危地马拉"社区之家"项目（Hogares Comunitarios）。

进人力资本流动，减少社会保障负担、保障财务可持续性以及促进社会包容发展都发挥了重要作用。

一、拉加地区托育服务项目的主要做法

（一）不断出台完善管理体制和法律法规

在可获得数据的 19 个拉加地区国家[①]，托育服务项目的管理主体以公共部门为主，包括元首办公室或第一夫人办公室、中央政府和地方政府部门，具体涉及教育部门、家庭社会发展部门、健康部门、劳动部门等。项目一般由某个部门牵头协调或委托其他部门、社会组织来实施。例如，危地马拉"社区之家"项目由总统办公室牵头负责；阿根廷"托育园"项目和巴西"儿童发展空间"项目主要由地方政府管理；玻利维亚托育项目则由政府部门通过社会服务组织执行；墨西哥 7 项托育服务项目中，3 项由国家管理，3 项由各个州的教育部管理，1 项由全国家庭综合发展体系的地方分会来负责管理。

在法律法规和规范建设方面，拉加地区很多国家都对托育机构设置、办托主体、监管机制、资金来源和师资等方面作出规定。例如，乌拉圭将托儿中心立法纳入《教育法》，巴哈马《儿童早期发展法案》、哥斯达黎加《儿童日托和学校教育通用法》以及厄瓜多尔《2014 年 0024 法案》针对 0~5 岁儿童公立、私营及混合教育服务统一立法；2012 年，墨西

---

① 巴哈马、巴巴多斯、智利、哥伦比亚、哥斯达黎加、多米尼加、厄瓜多尔、萨尔瓦多、危地马拉、洪都拉斯、牙买加、尼加拉瓜、巴拿马、巴拉圭、秘鲁、特立尼达和多巴哥、乌拉圭、阿根廷、玻利维亚。

哥出台《托儿法》，针对所有私营、公立和混合托儿教育立法，在该法律下，所有为年龄在43天至4岁儿童提供托育服务的机构都被纳入统一的信息登记系统中。托育法律也重视规范私营机构运营行为，规定儿童的年龄、场所设施条件、安全标准和课程要求、营业时间和天数、规模和价格等。例如，阿根廷、哥伦比亚、洪都拉斯、巴拿马对私营托育机构设置了专门的规定；巴哈马、巴西、智利、哥斯达黎加、厄瓜多尔、牙买加以及乌拉圭针对私营托育机构出台特别儿童保育法；巴巴多斯、玻利维亚、危地马拉和尼加拉瓜等对学前教育项目的一般规定中也包含了私营托育项目规定；智利、哥斯达黎加出台私营托育机构资格认证规定。

此外，拉加地区各国为确保托育服务质量，还制定监管标准和规范体系。例如，乌拉圭将监管整合进教育法，墨西哥出台了全国监管框架。在营养方面，建立统一的营养保证标准和营养监控系统，对营养提供者采取严格的监管措施。在课程体系方面，很多国家制定统一的课程标准和指导框架来规范。

（二）多渠道增加经费投入和优化支出结构

在资金投入方面，不同托育项目在资金标准、来源、规模等方面差异很大。从来源看，拉加地区大多数托育项目资金来自国家财政预算，2018年，拉加地区各国公共财政在儿童托育服务的投入占GDP的平均比例为0.5%。部分资金来自个人所得税或其他类型的专门税。例如，哥伦比亚自2013年起对个人收入加征"公平税"（CREE, fairness tax），部分用于支持哥伦比亚家庭福利局负责的家庭福利和儿童照护项目；危地马拉使用消费税来支付公共托儿费。在墨西哥，社会保障局（IMSS）托育项目的资金全部来自社会保障体系，在社保体系内员工每月缴纳的工资税中有 0.8% 被用于支持儿童托育和教育项目。私营托育机构则主要由私营机构提供资金，政府会根据情况提供不同程度的补贴。

从支出情况看，由于不同项目提供的服务内容不同，各类开支的占比不同。多数项目中，最主要的支出内容是工作人员工资，其他为基础设施或场地维护费、材料费、服务费、培训费、行政费用、食品开支等。公共财政对各项目年生均经费补助差异较大。例如，哥伦比亚"社会福利院"项目每个儿童每年平均补助 354 美元，而智利"全国保育园委员会"项目则为 2895 美元。大多数公共托育项目免费向目标人群提供，也有部分项目会视情况向家庭收取一定费用。例如，阿根廷"托育园"项目，由家庭承担一定的社区厨房开支；乌拉圭"我们的儿童"项目平均每月向家庭收取 12.8 美元；哥伦比亚"社区福利院"项目每月则向家庭收取 8.1 美元。

（三）创新运营和服务模式

根据资金来源和管理方式不同，拉加地区托育服务可以分为五种运营模式，即直接公共模式、外包公共模式、补贴性社区模式、补贴性私营模式和非补贴性私营模式。其中，前四种模式占很大比例。直接公共托育服务由政府直接资助和管理；外包公共托育服务由政府提供资金，委托私营机构运营；社区托育项目由社区运营并接受公共资金支持；补贴性私营托育服务由政府提供部分财政支持，主要由私人机构提供管理和资金支持；非补贴私营托育服务完全由私营机构提供管理和资金支持，公共部门只承担监管角色。

托育服务模式主要包括中心式和家庭式两种类型。绝大多数公共托育项目都采用中心式服务模式。在获得特许执照的场所开办托育项目，一些是专门为托育项目建造的托育中心，如乌拉圭"我们的儿童"项目和智利"全国保育园委员会"项目；部分是利用社区现有公共空间（图书馆、社区中心、学校或教会等），阿根廷"托育园"项目就是与当地小学、教会共用部分社区空间。

家庭式服务模式指在家庭环境中照护儿童。例如，哥伦比亚"社区福利院"项目大多数都是以家庭为基础运营的，根据一定条件在各社区中筛选出一些负责照护该社区适龄儿童的"社区母亲"，其住所按一定标准进行改造，社区儿童就在她们的家中接受照护。家庭式的托育服务标准要求通常较低，只需满足最低健康、安全和质量标准。

此外，有少数托育服务项目将中心式和家庭式两种服务模式结合起来，提供更加灵活和多样化的服务选择。例如，牙买加儿童早期教育委员会家访项目。

（四）科学合理瞄准目标对象

目标群体的选定直接关系项目效果和公平目标的实现。拉加地区托育项目多数面向低收入人群和有工作母亲的家庭。为了缩小实际服务群体和目标群体的偏差，拉加地区托育机构会借助一些筛选工具，除了年龄标准外，有的也使用国家统一制定的标准，如基于家庭收入、社会风险和保障、社会心理量表等。世界银行和泛美开发银行的研究分析了拉加地区40个儿童托育项目如何瞄准目标对象，其中，30%的项目接纳所有符合年龄要求的儿童，40%的项目设置了家庭收入标准，18%的项目设置了父母职业标准，13%的项目同时对家庭的收入和父母职业设置了标准。在28个有目标标准的项目中，有16个项目通过使用专门的调查工具来确定目标人口，如通过使用政府数据库中信息来确定收入划线标准。例如，智利伦卡（Renca）地区儿童日托项目就是通过脆弱性标准来定位目标人群，它优先考虑在工作的母亲，以及遭受虐待或其他风险的儿童，还有接受其他社会保障支持的家庭。

有的托育服务项目单独设定筛选机制和准入门槛。例如，巴西"儿童发展空间"项目将已在执行的卡里奥卡家庭项目（Familia Carioca）的受益者作为自己目标群体的一部分；哥伦比亚"社区福利院"项目利用国家社会福利项目（SISBEN）量表来筛选，通过消费、收入和住宅面积等指标，将家庭整体水平从低到高按1~6排序，如果数值为1或2，则可以申请该项目。促进女性劳动力市场参与率的项目，通常会要求母亲出具工作情况证明。此外，有的托育服务项目将家庭住所位置或家长工作场所距机构的距离作为标准，有的参考兄弟姐妹在该机构入托情况，有的采取抽签方式来确定目标群体。

（五）提供多元化服务内容和日程安排

根据项目的规模、资金投入和服务模式，以及项目对象的实际需求，各托育项目内容和日程安排有所不同。多数托育项目都提供综合性的服务内容，包括幼儿看护、活动空间、食物、营养补充和监测、早期教育和面向家长的支持服务。以中心为基础的项目一般接受的儿童数量较多，年龄跨度大，会按照儿童的年龄进行分组，而以家庭为基础的项目一般都采取混龄照护形式。多数项目会提供午餐和一至两次零食，托管时间较长的项目还会提供早餐或者晚餐，以满足儿童每日基本热量需求。有些项目会为儿童提供营养监测，有的由托育机构人员定期测量儿童身高、体重和生长发育情况，并对数据存档，如智利"全国保育园委员会"项目和哥伦比亚"社区福利院"项目；有的将该项工作外包给卫生和健康组织，如阿根廷"托育园"项目由中心附近医院负责，乌拉圭"我们的儿童"项目由社区健康中心的儿童医生负责。关于对家长提供的支持，主要包括不定期召开家长会以及提供关于儿童照料、营养和养育等方面的家长培训等。

关于托育项目的日程安排，一般有全日项目、半日项目及延长日项目三种类型，有的项目同时提供其中两种或三种类型服务。在世界银行和泛美开发银行考察的 40 个项目中，近 80% 的项目提供全日服务。1/3 的项目有延长日选项，服务时间一般与家长的工作时间一致，为女性外出工作提供了保障。大多数项目每年开放 10~11 个月，每周开放 5 天，每天开放 8 小时左右。也有一些项目会根据家庭需求安排不同的服务时间段，如为在夜间工作的家庭提供晚间照护，如阿根廷"托育园"项目；或延长开放时间，如智利"全国保育园委员会"项目。

（六）严格筛选托育项目从业人员

拉加地区托育机构的人员一般包括教师、助理教师、生活辅导员、营养辅导员、"社区母亲"等。各国都对托育服务人员的学历和专业背景设定要求，针对不同职责的人员要求有所不同，47% 托育项目要求从业人员有大学学历，37% 项目要求有中学学历。对教师的要求相对较高，一般需要受过高等教育，优先考虑具有幼儿教育专业背景或工作经验的人员。对助理教师或保育员的要求相对低一些，一般为高中学历。托育人员的收入通常根据工作职责和资历水平划分，具有专业资格的教师薪酬往往较高，其他辅助人员则相对较低。但在不同的国家和项目中，具有相同学历和工作职责的人员，其工资也存在较大差异。例如，乌拉圭"我们的儿童"项目中教师的月薪达到 1300 美元左右，辅导员月薪在 860 美元至 990 美元之间；巴西"儿童发展空间"项目，教师的月薪为 820 美元，助理教师月薪为 470 美元。家庭式托育的社区母亲，因教育背景和知识技能受限，收入一般较低。例如，哥伦比亚"社区福利院"项目中，社区母亲月薪为 146 美元。为提升从业人员素质，当地很多项目也在尝试建立对托育机构人员长期有效的培训机制和激励机制，如绩效奖励、假期和旅行奖励等。

二、对我国的主要启示

拉加地区各国几十年的托育服务实践取得了明显效果，虽然也面临不少挑战和问题，但积累了较丰富经验，尤其对发展较落后地区和人群的托育服务供给有重要借鉴。当前，我国托育服务仍处于早期起步阶段，拉加地区托育服务的实践探索可以提供一些有价值的启示。

（一）将托育服务纳入国家宏观发展议程，加强政策协调及机构和服务协调

充分认识托育服务的多维性、综合性、系统性特征，托育支持不仅有社会效益，同时有经济效益，行业发展潜力大，对促进女性就业、人力资本投资和促进经济社会发展有重要意义，政府应承担托育服务的主体责任，在政策设计之初就需要有整体和长远的规划。加强与托育服务直接和间接相关的政策间的统一和协调，各类政策均应引导各界力量和各种资源支持托育服务发展，家庭政策、社会保障政策、教育政策、女性休假、儿童发展政策、社会性别政策等之间应加强统一和协调，防止政策目标相互矛盾。托育服务涉及多个机构的协调、多个部门的配合，在已明确牵头部门的基础上，进一步完善各相关部门职责分工，提升服务效率和效益。我

国高度重视托育服务发展，先后出台多项重要政策，未来可在加强政策及机构和服务协调上加大力度。

（二）重视需求调查数据搜集和使用，提高托育服务决策科学性和服务精准性

充分做好需求调查，加强数据信息搜集、统计和及时更新，充分评估项目的成本收益、受众需求、家庭决策的影响因素、服务项目效果、家庭使用托育的情况等，为决策提供参考。根据家庭的特征和实际需求，采取灵活的服务供给模式，防止项目空置或低利用率，减少资源浪费。选用合适的对象瞄准方法，充分考虑地点、时长、幼儿年龄、观念认识等影响因素，确保服务投放和传递的准确度。做好项目全过程监测和评估，及时通报和公开服务结果和产出，开展针对托育服务的相关推介展示活动，包括争取用户及家庭的信任和支持，提升项目吸引力。对我国而言，在设计和推进托育项目时需要重视需求调查和数据搜集，客观、可量化的数据对于提升项目科学性，为项目模式的复制推广及可持续发展有重要作用。

（三）在托育服务投入、产出和结果之间寻求平衡，遵循递进式发展路径

基于实际情况和可动员的资源，设置托育服务项目，循序渐进，"从无到有"到"从有到好"，在目标和现实之间寻找平衡。拉加地区托育服务项目多是面向困难群体的，设置项目质量应满足最低基准和指标。确保项目符合目标群体的需求，注意项目规模大小和提供服务的内容，在为尽量多儿童提供托育服务的同时（即规模和质量之间达成一个平衡），实现

项目可持续发展。保证托育工作人员的素质和群体的稳定性。政府应为准专业人员和社区母亲等托育人员提供培训，提升托育服务专业化水平。对我国而言，应在充分了解家庭需求的基础上，因地制宜，实事求是提供灵活多样的托育服务，发挥托育项目实际效用。

（四）托育项目设计和实施要警惕马太效应，关注弱势群体

对我国而言，实践中要特别重视城市流动儿童和农村儿童托育服务问题，选用合适瞄准工具，做好家庭需求调研，警惕资源和服务流向非目标群体。需要进行完整的评估和精准的服务，避免出现最需要支持的家庭得到的支持反而更少的情况。通常情况下，困难家庭主动参加和选择服务的可能性更小，需要做好充分沟通，倾听弱势群体声音，为家庭提供信息等综合支持服务。此外，还应注意跟踪评估监测服务效果，及时调整，更好促进社会公平。

执笔人：郝志荣（中国国际发展知识中心）

佘　宇（国务院发展研究中心）

（原文载于《儿童早期发展》2022 年第 1 期）

参考文献

[1] 诺伯特·斯查迪等. 儿童早期发展项目：拉丁美洲的实践和政策推广[J].华东师范大学学报（教育科学版），2019,（3）：149-156.

[2] Araujo, María Caridad, López Bóo, Florencia, Puyana J M, et al. Overview of Early Childhood Development Services in Latin America and the Caribbean[M]. Washington, DC: Idb Publications,2013.

[3] Julio Bango etc. Care in Latin America and the Caribbean during the COVID-19. Towards Comprehensive Systems to Strengthen Response and Recovery[EB/OL]. UN Women and ECLAC United Nations, 2020, 1.1. 19.08.

[4] Karina Batthyány Dighiero, Policies and Care Provision in Latin America: A View of Regional Experiences[M]. Santiago:ECLAC United Nations, 2015.

[5] Mateo Díaz, M., & Rodriguez-Chamussy, L. Cashing in on Education : Women, Childcare, and Prosperity in Latin America and the Caribbean[M]. Washington, DC: World Bank and Inter-American Development Bank, 2016.

[6] Pardo, M., & Woodrow, C. Improving the quality of early childhood education in Chile: Tensions between public policy and teacher discourses over the schoolarisation of early childhood education[J]. International Journal of Early Childhood,2014, 46(1):101-115.

西藏和平解放 70 年来儿童发展历程及建议

一、西藏和平解放 70 年来儿童发展历程

1951 年西藏和平解放初期，藏区儿童发展水平落后，婴儿死亡率高达 430‰[①]，农牧区 5 岁以下儿童死亡率高于全国平均水平；儿童文化、体育、科技活动场所及设施缺乏；农村、牧区托幼事业发展缓慢；基础教育点分散、办学条件较差。

1965 年西藏成立自治区人民政府，民主改革开启藏区面向现代化的大门。1980 年中央第一次西藏工作座谈会确定了包括提供儿童生活学习基本用品、新建儿童文娱场所在内的各项民生项目工程。1984 年，第六届全国人民代表大会通过了《中华人民共和国民族区域自治法》，推进西藏工作法制化进程。这一时期，西藏在儿童教育、妇幼保健、文化、体育等方面取得一定的成就。儿童教育层面，1985 年西藏实施教育"三包"政策[②]，助力"不让一个学生因家庭经济困难而失学"的目标实现，截至 1990 年，农村、城市适龄儿童的入学率分别达到 55.57% 和 84.92%；儿童健康层面，婴儿死亡率大幅下降，儿童计划免疫接种率高达 85% 以上。但是，20 世

[①] 主要来源：《九十年代西藏自治区儿童事业发展规划纲要》等文件。相关文件还包括：《西藏自治区儿童发展纲要（2001—2010年）》《西藏自治区儿童发展规划（2011—2015年）》和《西藏自治区儿童发展规划（2016—2020年）》等。

[②] 《"三包"教育惠及西藏50余万学生》，中国政府网，2012年4月8日，http://www.gov.cn/jrzg/2012-04/08/content_2108810.htm。

纪 90 年代初，西藏 90% 以上的儿童用品仍需要内地供给，儿童工作的外部依赖性较强；儿童健康水平有待提高，婴儿死亡率、5 岁以下儿童死亡率仍高达 91.8‰和 126.72‰^①。

1992 年 2 月，国务院制定并颁布《九十年代中国儿童发展规划纲要》。同年，西藏结合自治区实际制定并颁布了《九十年代西藏自治区儿童事业发展规划纲要》，成为西藏第一部以儿童为主体的行动计划。该《纲要》强调做好西藏儿童工作是"提高民族素质的基础"，明确坚持"儿童优先"的原则，在儿童教育、少先队工作、卫生保健、体育、科技文化、生活用品、家庭教育等方面设立了西藏儿童事业发展的目标和主要措施。从 20 世纪 90 年代初到 2000 年，西藏儿童健康水平大幅提高，与全国一起实现了无脊髓灰质炎的目标；婴儿死亡率、5 岁以下儿童死亡率均下降了 1/3；儿童教育普及率大幅增高，小学适龄儿童入学率由 44% 提高到 85.8%；小学完成率由 49.1% 上升到 74.7%。不过，这一时期的西藏因为自然条件和经济发展水平的限制，儿童贫困问题仍较为严重，城乡之间、地区之间的儿童发展存在较为明显的不均衡问题。

步入 21 世纪之后，儿童工作成为西藏"提高国民素质开发人力资源"^②的重要工作。截至 2010 年底，《西藏自治区儿童发展纲要（2001—2010 年）》确定的主要目标基本实现。2000 年至 2010 年期间，西藏儿童健康状况持续改善，婴儿死亡率、5 岁以下儿童死亡率分别从 35.28‰、

---

① 主要来源：《九十年代西藏自治区儿童事业发展规划纲要》等文件。相关文件还包括：《西藏自治区儿童发展纲要（2001—2010年）》《西藏自治区儿童发展规划（2011—2015年）》和《西藏自治区儿童发展规划（2016—2020年）》等。

② 《西藏自治区儿童发展规划（2011—2015年）》，国务院妇女儿童工作委员会网站，2017年4月12日，http://www.nwccw.gov.cn/2017-04/12/content_148604.htm。

57.2‰下降到 20.69‰和 28.15‰[①]；儿童教育普及程度继续提高，"希望工程""春蕾计划"和"中小学危房改造工程"等援藏性助学工程陆续展开；儿童工作的内涵进一步丰富，在原有的教育、健康、环境的基础上，进一步拓展并形成了较为完善的保护儿童权利的工作体系。但是，这一阶段的西藏儿童事业发展仍然面临挑战，例如，儿童优先的社会意识有待加强，儿童工作机制有待完善；文化宗教中仍然存在不利于儿童健康成长的消极因素；等等。

党的十八大以来，儿童工作的战略意义愈发凸显。西藏先后颁布《西藏自治区儿童发展规划（2010—2015 年）》和《西藏自治区儿童发展规划（2016—2020 年）》，均将儿童工作提高到"全面提高中华民族素质"的战略高度。两个《规划》均提出了"依法保护、儿童优先、儿童最大利益、儿童平等发展、儿童参与"五大原则，并将儿童工作纳入各级财政预算，重点扶持农牧区及边境地区和人口较少民族地区儿童发展。2010 年至 2020 年十年间，西藏儿童健康状况持续改善，儿童教育普及度持续提高，义务教育控辍保学历史性实现了动态清零；儿童工作法制化程度逐步提高，先后修订了《西藏自治区实施〈中华人民共和国未成年人保护法〉办法》《关于加快推进全区妇幼卫生工作的意见》和《西藏自治区城镇小区配套幼儿园建设管理办法》等数十项政策措施并在自治区建立了 156 个儿童相关的法律援助机构，为解决儿童发展面临的问题提供了法律保障。可以说，西藏儿童发展取得了举世瞩目的历史性成就，正处于历史的最好水平。

---

① 主要来源：《西藏自治区儿童发展规划（2011—2015年）》。相关文件还包括：《九十年代西藏自治区儿童事业发展规划纲要》《西藏自治区儿童发展纲要（2001—2010年）》和《西藏自治区儿童发展规划（2016—2020年）》等。

二、现阶段西藏儿童发展面临的问题和挑战

在党和政府的领导及各界的努力下，西藏儿童工作取得了显著的成就。但是，相较于全国平均水平，现阶段西藏儿童发展仍有较大提升空间。其一，在儿童健康层面，西藏卫生事业发展绝对水平与全国平均水平相比，差距依然明显。医护人员技术水平不高的局面尚未得到彻底改变，儿童出生缺陷发生率相对较高，5岁以下儿童死亡率仍高于全国平均水平[①]。其二，在儿童教育层面，边境地区整体教育水平落后的局面仍未得到根本扭转。一方面，边境地区对儿童教育资金投入较少；另一方面，有限的资金主要用于教育事业的硬件投入而非师资保障，队伍的稳定性有待加强。这都导致城乡之间、地区之间儿童发展差距较大，牧区托幼事业发展缓慢，基础教育点分散，义务教育发展仍不均衡，农牧区学前教育资源还很不足，高中阶段毛入学率低于全国平均水平[②]。

此外，西藏儿童发展还受到地域特殊性（地理、环境等自然条件）、经济发展水平等方面的影响。其一，儿童发展的基础设施有待完善。西藏自然环境较为恶劣，地形地貌复杂，高原、山地居多，基础设施建设难度大、成本高、投资周期长、收益率偏低。截至2019年，西藏的边境县高速公路通达率不及80%，这给儿童教育及医疗资源的可及性带来较大挑战。其二，儿童发展相关的教育、医疗等公共服务仍是明显短板。

---

① 根据《中国儿童发展纲要（2021—2030年）》，截至2020年底，5岁以下儿童死亡率下降到5.4‰、7.5‰，相较之下，自治区层面《纲要》的要求是2020年西藏5岁以下儿童死亡率分别下降到12‰和16‰。

② 我国高中阶段毛入学率从2010年的82.5%上升到2020年的91.2%，自治区层面《纲要》的要求是高中阶段毛入学率达到90%。

尽管边境地区民生保障水平有了明显提高，但是公共服务的供给水平仍有待提升。其三，边境地区作为前沿阵地和对外开放的窗口，承担着巩固祖国边防、维护边疆稳定的历史重任；但是，边境地区的儿童整体发展水平较低，儿童国家通用语言的普及力度有限，稳边固边工作存在不小压力。

三、促进新时代西藏儿童发展的思路和建议

针对上述问题和挑战，建议将新时代西藏儿童工作纳入藏区"稳定、发展、生态、强边"①四件大事之中，并制定"十四五"时期自治区层面的儿童发展规划纲要，以更好促进西藏儿童发展。

第一，将儿童工作纳入区域协调发展新机制，助力西藏的稳定和发展。党的十九大报告明确指出，"实施区域协调发展战略，加大力度支持民族地区、边疆地区、贫困地区加快发展"以及"显著缩小区域发展差距和实现基本公共服务均等化"。因此，建议立足西藏在全国发展中的定位，以儿童为切入点解决区域之间发展不平衡问题；通过持续改善和提升边疆地区儿童发展相关公共服务的供给水平，缩小西藏和全国的发展差距。需要强调的是，现阶段全国性援助工程已从重基础设施转向兼顾民生发展，做好"人"的工作也是调动当地积极性、逐步减少发展外部依赖性的有效途径。因此，建议进一步创新援藏项目的帮扶模式，适当扩大民生援藏项目中儿童发展类项目的比例；通过投资儿童不断增强当

---

① 《西藏的"四件大事"》，求是网，2021年8月20日，http://www.qstheory.cn/laigao/ycjx/2021-08/20/c_1127779589.htm。

地人力资本水平，从人的发展角度深入贯彻共享发展理念的要求，将全国援藏力量与西藏地方内生动力有机结合，有效推进民生类援藏工作打开新局面。

第二，重视提高西藏儿童的国家通用语言文字能力，加强民族共同体意识的塑造。中央民族工作会议上，针对语言文字使用作出了"要推广普及国家通用语言文字、科学保护各民族语言文字、尊重和保障少数民族语言文字学习和使用"的重要指示。因此，建议"十四五"时期自治区层面的儿童发展规划纲要能够明确儿童国家通用语言文字水平的目标及实施策略，在儿童早期阶段以家庭和学校为载体科学推行双语教育，进一步加强双语科普资源开发。赋予西藏儿童接触、学习国家通用语言文字的机会，有助于他们长大后走出藏区继续学习和就业，进而促进其与其他民族之间的交流、交往、交融。

第三，关注西藏边境地区儿童家庭，助力兴边富民行动的良好实践。西藏边境线长达4000多千米，沿线地区生产生活条件较为恶劣，返贫风险较高，兴边富民的任务比较重。当前，西藏边境建设已进入富民强边的攻坚期，补齐边境儿童教育、医疗公共服务建设短板的任务急迫。因此，建议不断优化兴边富民行动政策的实施路径，加快补齐西藏边境儿童基础设施和公共服务的短板，促进自治区内各项儿童相关公共服务向边境地区延伸。教育方面，加大对边境地区儿童教育的直接扶持力度，优化边境县城和农村的教育资源布局，完善边境地区儿童教育公共服务体系，建设一支能够在边境"留得下、干得好"的教师队伍，切实保障守土固边的边民儿童获得优质教育资源的机会；医疗方面，强化边境医疗卫生服务能力的建设，切实提高边民儿童就医的便利性，不断提升边境儿童家庭科学育儿的意识，适当增加边民儿童家庭的教育及医疗补助，有效保障边境地区儿童家庭的获得感、幸福感、安全感。

第四，以儿童工作为抓手，巩固脱贫攻坚成果，助力西藏高海拔异地搬迁点的可持续发展。西藏的贫困人口主要集中在藏北牧区、南部边境地区和藏东横断山区等高海拔地区，易地搬迁已成为西藏实施精准扶贫的关键举措。因此，建议各级政府予以财政投入支持，积极引导各类企业和社会资金共同参与，加强对搬迁点儿童家庭的养育指导和服务，探索推广入户家访指导等适合农牧边远地区儿童的早期养育服务模式。通过促进儿童早期养育服务进家庭、进社区，让搬迁家庭真正"留得住、住得好"，助力"规模化搬迁"向"常规化社区治理"过渡，为搬迁点的可持续减贫注入源动力。

执笔人：李雨童（中国发展研究基金会）

佘　宇（国务院发展研究中心）

（本文成稿于 2022 年 4 月 15 日）

加强家庭托育支持的思考和建议

自 2019 年国务院办公厅印发《国务院办公厅关于促进 3 岁以下婴幼儿照护服务发展的指导意见》以来，国家和地方层面密集出台一系列鼓励和支持托育服务发展的政策举措，托育机构和托位数量快速增加，服务供给能力不断增强，但家庭内育儿支持进展相对缓慢。结合当前家庭育儿模式特点和托育服务发展基础，建议通过加强家庭托育支持来满足家庭内育儿需求，即以托育机构为支点，以社区服务中心为依托，把专业化的育儿服务延伸到家庭，把各类政策支持资源落实到家庭，对有 3 岁以下婴幼儿的家庭提供专业照护服务并开展"适儿化"改造。

一、加强家庭托育支持的积极意义

家庭托育支持是指依托各类服务资源对婴幼儿家庭的养育环境、基础设施和活动空间进行"适儿化"改造，在家庭内设置具备专业化服务功能的托位，根据家庭意愿和需求提供相配套的全方位育儿支持服务。家庭托育支持是科学育儿指导的服务对象，是全日托、半日托、临时托、计时托等类型托育服务的空间延伸，是基层医疗卫生机构、妇幼保健机构、教育机构等各类资源融合服务的前端，是育儿津贴、育儿券等生育支持政策落实到"最后一公里"的载体，是推动婴幼儿照护服务体系实现居家—社区—机构相协调、医育相结合的重要支撑。

（一）有利于提升生育支持政策的普惠性

尽管各地"十四五"规划均明确了每千人口托位数的建设目标，但新建托位的空间布局仍将面临现有资源基础的诸多约束。

一是老旧和新建居住区服务资源的不均衡问题。现有托育服务发展的规划更适用于城镇新建居住区的建设要求，而老城区或已建成居住区则因为场地空间资源所限，托育机构或选址困难，或建设成本过高，不利于其为家庭提供就近和普惠的托育服务。

二是城乡服务资源的不均衡问题。现有文件在设施建设和早期发展指导等方面虽然强调要关注农村地区，但是，农村婴幼儿照护服务的具体实施和操作办法较少提及。例如，国家发展改革委的普惠托育服务专项行动仅限于对机构新建托位进行补贴，而广大农村地区因为人口密度低、居住分散，托育机构数量较少且利用率不高，难以享受机构补贴带来的政策"利好"。

加强家庭托育支持，可以推动现有支持政策从"补供方"转向"供需同补"，覆盖所有符合条件的家庭，而不是只覆盖或补贴城镇地区以及在机构中接受托育服务的家庭。同时，也可以解决资源分布不均衡的问题，避免城镇地区"一位难求"和农村地区"中心＋家访"服务的空白。

（二）有利于满足家庭婴幼儿照护服务双重需求

当前，家庭内养育仍是婴幼儿日间照料的主要模式，而家庭照护人员的养育观念、知识和能力对婴幼儿成长发育的影响至关重要。2019 年全国人口与家庭发展监测调查显示，90.55% 的 3 岁以下婴幼儿由其父母、祖父母或外祖父母照料，由其他亲属、保姆、托育机构等非家庭成员照料的比例合计不超过 10%。

加强家庭托育支持，既可以巩固家庭育幼基础地位，帮助家庭更好发挥其在婴幼儿照护方面的作用；也可以发挥社区的依托作用和机构专业化服务的支撑作用，兼顾"家庭为主"和享受机构专业化服务的双重需求，使婴幼儿在家庭内日间照料过程中接受更多符合其成长特点的服务，灵活弥补家庭育儿能力不足的缺陷。

（三）有利于降低婴幼儿照护服务的单位成本

3岁以下婴幼儿自我保护能力弱，针对其开展托育服务需要较强的专业性，月龄越低的婴幼儿需要配备的保育人员数量越高，需要配置的硬件设施标准越高，机构建设和运营的成本也越高。一是场地成本高。托育机构举办的场地要求较高，不仅合适的场所难得，而且租赁价格较高，备案托育机构调查显示，房租成本几乎占到托育机构运营成本的50%。二是设施改造成本高。为保证婴幼儿的安全和健康，托育机构的硬件设施总体要求较高，一般要求室内装修材料绿色、环保、无污染，桌椅、玩具、绘本等用具要保证安全无害且需定期消毒，需配备监控设施，硬件投入成本远高于一般的商业运营机构。三是人员成本高。处于起步阶段的托育行业人员流动性较大，稳定雇佣成本较高。可见，受多重因素影响，机构式托育服务属于投入产出比相对不高、利润率较低的行业。

加强家庭托育支持，可以充分利用家庭内部空间资源，对家庭内部设施进行"适儿化"装修改造，从而降低托育服务供给的单位成本；而且，也可以丰富婴幼儿照护的服务形式和类型，扩大婴幼儿照护的服务范围和边界，避免机构式托育服务的过度竞争，在一定程度上有利于减轻家庭托育支出带来的经济负担和托育机构自身的场地成本负担。

（四）有利于提高婴幼儿照护服务的政策包容性

现有的托育机构建设标准在不同类型机构中的适用性问题较为突出，相关标准规范更适用于专业性相对较强、规模相对较大的托育服务机构，却不太适用于社区托育点、用人单位托育点和家庭托育点。但从现实情况看，这三类小型托育机构在整个托育服务市场中的占比相对较高，由于标准规范不适用，使得能够完成备案的机构数量远远小于实际提供托育服务的机构数量，以备案为前提的普惠托育服务政策能够覆盖的机构范围大幅缩减。

从经合组织成员国的经验看，托育服务发展较为成熟的国家，其婴幼儿入托率在34%左右，这也意味着托育服务满足的只是部分家庭的照护需求，并非所有家庭都要通过机构托育的方式解决婴幼儿照护问题。从我国的现实看，即便如期完成国家"十四五"规划提出的每千人口托位数目标，仍将有85%左右的婴幼儿未进入机构接受托育服务。如何更好针对"家庭为主"的育儿模式提供有效支持措施，包括家庭科学育儿指导以及鼓励代际支持或家庭照料的津贴、补贴、临时托育服务等，在当前及今后一段时间尤为重要。

加强家庭托育支持，不但可以提高托育服务的方便性和可及性，为社区托育点（驿站）、家庭托育点等小微型托育机构提供支持；也可以扩大托育支持政策的适用范围，增强政策包容性，为其他类型的托育服务供给形式提供相关政策支持依据，对多渠道发展普惠托育服务、构建多样化多层次托育服务体系具有积极意义。

二、需要重点关注的三大问题

相对于机构托育的单一服务形式而言，家庭托育支持具有普惠性、经济性、包容性等多重优势，不仅有利于形成"家庭为主，机构补充"的婴幼儿照护服务格局，而且在一定程度上可以降低财政投入成本，解决供需错配问题。需要指出的是，加强家庭托育支持过程中，有以下三方面的问题需要重点关注。

（一）如何界定覆盖范围和服务对象

作为一项普惠性的育儿支持政策，如何确定家庭托育支持的政策覆盖范围和重点服务对象是首要问题。家庭托育支持作为育儿支持政策的一种形式，与普惠托育服务是互为补充、互相协调的关系，共同构成婴幼儿照护服务的政策体系，最终实现满足不同家庭婴幼儿照护需求、降低所有家庭养育成本的目标。具体实施过程中，哪些家庭可以享受家庭托育支持，如何科学合理确定准入门槛和条件？家庭托育支持是否应以确有照料困难的婴幼儿家庭作为服务对象？或者重点支持未在机构接受普惠性托育服务的家庭？这些问题都需要进一步明确。

（二）如何设置服务标准和管理规范

作为向家庭内照料提供服务的育儿支持政策，家庭托育支持和家政服务的区别应予以重点关注。实际上，两者的服务涵盖内容和涉及面都存在明显的不同。传统家政服务中的婴幼儿照护服务（如保姆）目前没有明确的标准规范指导，而家庭托育支持中的照护服务则可参考《托育机构保育指导大纲（试行）》开展活动。同时，以政府补贴为主的家庭托育支持本身不是纯市场行为，其服务内容和具体项目等都亟待明确；对服务的精准性和可持续性要求更高，也更加需要界定清楚政府、家庭及机构的责任边界。尽管与机构托育相比，家庭托育支持的服务过程相对分散隐蔽，监督和管理难度较大，容易引发服务纠纷，但是可以通过转变监管对象和评价方式，从服务人员的行业监管入手，加强人员素质提升和行业约束力，进而提高服务综合质量的监督能力。

（三）如何优化服务资源和服务形式

加强家庭托育支持过程中，托育机构需要拓展服务网络、丰富服务形式，以便更好适应分散上门、嵌入式服务方式。家庭托育支持不同于集中式的机构服务，上门服务成本偏高，对前期投入的要求更大。特别是在家庭托育支持尚未形成规模效应之前，综合性成本会更高，进而影响后续服务费用定价。因此，在服务过程中如何平衡分散服务和集中服务之间的成本效益矛盾，如何保证上门服务的灵活性和及时性，如何保证服务响应速度与匹配调度能力，如何促进服务人员的专业能力顺利适应以家庭为主的服务场所，以及如何评估分散上门服务人员与家庭需求的匹配程度，等等，这些问题都需要重点关注并尽快解决。

三、多措并举加强家庭托育支持

（一）将家庭托育支持纳入普惠托育服务体系

强化家庭托育支持的普惠性特点。积极推进相关规范标准制定，制定与托位挂钩的基本服务清单，进一步明确服务保障对象，细化服务指导标准和基本要求，规范服务流程，建立评估监督机制，形成完备的质量考核指标体系和可操作的监管方式。家庭托育支持的成本由政府按一定标准补贴，并确立后续运营成本费用的分担比例。托育补贴的发放对象除了子女在托育机构接受服务的家庭外，已经获得家庭托育支持资格的家庭也应该享受同等待遇。

（二）构建以需求为导向的照护服务体系

强化家庭托育支持的互补性优势。以需求为导向的家庭托育支持，与以供给为导向的机构托育服务有着较大不同，应加强托育机构统筹规划和布局布点设置研究，引导优化托育机构布局。同时，根据婴幼儿数量及分布情况、托育机构数量及分布情况，分地区、分等级统筹规划家庭托育支持资源，加强与托育机构布局布点统筹衔接，优先提高欠发达地区的覆盖面。

（三）提升服务效率和降低运营成本

强化家庭托育支持的连接性优势。推动基本公共卫生服务等社区资源整合，合理运用智能化技术手段，提高托育服务密度和服务效率，面向家庭构建科学育儿指导及儿童早期发展服务的共享平台和网络。推动各类育儿服务人力资源的整合，借鉴"时间银行"经验建立家庭保育的互助式服务和志愿者服务机制，优化服务人员结构，加强职业技能提升培训，结合既有人力资源特点拓宽服务类型和形式。

（四）建立以评价为依据的质量监管机制

强化家庭托育支持资格的审批和服务流程监管。开展多种形式的跟踪、检查、抽查、评估，将家庭托育支持效果纳入当地婴幼儿照护服务工作的日常监管和年度考核。同时，加强补助资金绩效管理，定期审计检查资金使用情况，严厉打击骗补及其他违法违规行为。以从业人员素质提升和行业准入退出机制为重点，重点强化人员服务能力和职业道德监管，将服务对象评价与服务补贴直接挂钩。

　　　　　执笔人：佘　宇（国务院发展研究中心）

　　　　　　　　　史　毅（中国人口与发展研究中心）

　　　　　　　　　（本文成稿于 2022 年 4 月 22 日）

我国托育服务发展面临的主要问题及建议

为深入了解近年来托育机构发展现状、面临的问题挑战和希望得到的政策支持，有力推动托育服务体系建设，更好满足广大家庭在婴幼儿照护方面的需求，2022 年 1 月下旬至 2 月初，我们依托各地托育行业协会、托育头部企业等在全国范围内开展了针对托育机构的线上问卷调查。截至调查结束，共回收有效样本 277 份[①]，覆盖全国 23 个省（自治区、直辖市）[②]。现将有关调查结果报告如下。

一、托育服务发展面临的主要问题

（一）强力有效的政策和部门协同机制有待建立

一是地方政府对托育服务发展重视程度有待提高，未能有效建立工作协调机制。在各种举办方式的托育机构中，用房成本高、员工流动性大和资金短缺成为当前托育服务业的前三项主要制约和风险因素[③]。公办机构和

---

① 分城乡看，城市地区机构占比86%，农村地区机构占比14%；分机构类型看，纯托育机构占74%，幼儿园托班占17%，家庭托育点占3%，企事业单位办托占2%，其他类型托育机构约占4%；分举办方式看，民办机构占78%，公办机构占15%，公建民营机构占4%，民办公助机构占2%，单位承办机构占1%；分机构性质看，营利性机构占65%，非营利性机构占21%，事业单位性质机构占13%，其他类型机构不足1%；分备案情况看，已在国家备案登记的机构占61%，未完成备案机构占39%。需要指出的是，本次调查为典型性调查，调查方法采用非随机抽样，调查结果主要用于了解各类托育机构的典型性特征，不做总体推论性统计。

② 未包括山西、吉林、黑龙江、云南、西藏、青海、宁夏、新疆及港澳台地区。

③ 用"选项平均综合得分＝1/n × Σ 频数×权值"来衡量每个选项的重要程度。本题限选3个选项，权值由选项被排列的位置决定，按照第一、第二、第三位置取值3、2、1。

民办机构又分别面临不同的发展制约因素与风险因素（见表 1）。

表1　托育机构发展面临的制约因素和日常运营面临的主要风险因素

	发展制约因素 （按重要程度排序）	日常运营面临的主要风险因素 （按重要程度排序）
总体	员工流动性大	用房成本高
	用房成本高	员工流动性大
	资金短缺，融资困难	资金短缺，融资困难
公办	难以取得合法资质	资金短缺，融资困难
	员工流动性大	难以取得合法资质
	资金短缺，融资困难	员工流动性大
民办	资金短缺，融资困难	员工流动性大
	用房成本高	用房成本高
	员工流动性大	行业标准不清

资料来源：作者根据调查结果整理。

二是支持托育服务发展的财税金融政策相对较弱，各项支持政策落实较为困难。受访托育机构中，15.52% 的建园资金来源为政府定向支持，25.99% 为贷款。10.83% 的托育机构向金融机构申请过融资或贷款但未能获批。18.77% 的受访机构完全不了解托育机构税收优惠政策，58.48% 了解一些。仅 5.42% 的受访机构享受到了税收优惠政策，75.81% 未能享受到优惠政策。受访托育机构迫切需要"加强宣传，提高送托意愿"和"卫生医疗机构支持"，而"减税降税，延期缴税"是民办机构当前的迫切需求[1]（见表 2）。

表2　　　　　　托育机构对支持政策的具体需求

公办需求（按重要程度排序）	民办需求（按重要程度排序）
第一，加强宣传，提高送托意愿	第一，卫生医疗机构支持协助
第二，卫生医疗机构支持协助	第二，加强宣传，提高送托意愿
第三，房租减免	第三，减税降税，延期缴税

资料来源：作者根据调查结果整理。

---

[1]　用"选项平均综合得分＝1/n × Σ 频数 × 权值"来衡量每个选项的重要程度。本题限选 3 个选项，权值由选项被排列的位置决定，按照第一、第二、第三位置依次取值 3、2、1。

（二）政策法规和管理流程有待进一步完善

一是多数机构尚未获得全国托育备案登记系统正式备案，机构设置标准和备案要求有待优化。受访机构中已注册的机构数量为257家（92.78%）。已备案的机构数量为169家（61.01%），未备案的机构数量为108家（38.99%）。未备案的机构中，55家（50.93%）进行过申请，53家（49.07%）从未申请，两者数量基本持平。申请未成功的55家机构表示，未成功备案的原因主要有以下几点：未取得消防安全检查合格证明（45.45%）、未取得托幼机构卫生评价报告（41.82%）、未取得食品经营许可证（20.00%）与机构用房不合规（3.64%）等。有部分受访机构指出，现有的备案标准过于严苛，若是按照备案要求，成本将会大幅提高，收入无法支撑场地成本，陷入恶性循环。除此之外，也有少量机构表示由于受到疫情的影响，所以还未成功备案。

二是机构卫生健康相关标准规范不清晰。277家受访机构中，配有厨房和配餐间的机构数量分别为244家（88.09%）和206家（74.37%）。受访机构除去8家不提供餐饮，剩下的269家机构中有230家（85.50%）采用自行制作的方式提供餐饮服务，36家（13.38%）机构采用中央厨房配送方式，3家（1.12%）机构采用半成品简单加工方式。配有消毒间的机构数量为176家（63.54%）。针对自行制作的方式提供餐饮服务的机构，相关管理和检查相对完善；针对采取集中配送方式或半成品加工方式提供餐饮服务的机构，则缺乏食品安全溯源和延伸检查的制度规范。

三是部分机构对服务支持政策缺乏了解。对2019年10月印发的《托育机构设置标准（试行）》和《托育机构管理规范（试行）》，115家机构表示非常了解，占比41.52%。对《托儿所、幼儿园建筑设计规范》（2019年版），有90家机构表示非常了解，占比32.49%。对《托育机构保育指导大纲（试行）》，有114家机构表示非常了解，占比41.16%。对《托育机构负责人培训大纲（试行）》和《托育机构保育人员培训大纲（试行）》，有99家机构表示非常了解，占比35.74%。关于以上政策，大部分机构表示仅了解一些，占比接近六成。对托育机构的税收优惠政策，162家（58.48%）机构表示仅了解一些，甚至有52家（18.77%）机构表示完全不了解，托育服务相关的政策宣传任重道远。同时，在对277家受访机构的调查中显示，有210家（75.81%）机构表示自己并未享受到优惠政策。在建园资金来源的调查中，仅有43家（15.52%）属于政府定向支持。

（三）托育机构建设与服务发展能力有待提升

一是缺乏政策支持，社会力量参与的积极性受限。问及目前享受了哪些优惠政策时，有75.81%的托育机构表示没有享受任何优惠政策。从这些托育机构的举办方式看，85.24%的民办机构表示没有享受过任何政策优惠，各项税收减免、补贴等政策也主要向公办、公建民营的托育机构倾斜。

二是可用的合规场地缺乏，且区域之间不平衡。农村地区托育机构拥有独立场地的比例远大于城市地区的托育机构（见表3）。室内建筑面积平均1154.86平方米，室外活动场地平均1166.16平方米。托育机构所在场所中，沿街商铺占比最大，达到27.80%，企事业单位场地占15.52%，居民住宅占15.16%，住宅底商占14.44%，商业综合体占12.27%。户外场地情况中，有独立场地的托育机构占62.82%，使用附近的公共用地作为托育机构户外用地的占28.16%，没有户外活动用地的占9.03%。

表3		机构所在地区类型和户外场地情况		单位：家
	独立场地（占比）	附近的公共场地（占比）	没有户外活动场地（占比）	小计
城市	142（59.4%）	75（31.3%）	22（9.2%）	239
农村	32（84.2%）	3（7.8%）	3（7.8%）	38

资料来源：作者根据调查结果整理。

三是运营成本高，经营压力大。8.66% 的托育机构自建用房，房屋市场价约 8543.18 元／月，3.25% 的自购用房，房屋市场价约 11285.56 元／平方米；45.85% 的租赁商业用房作为机构业务用房，平均租金为 32558.24 元／月；5.42% 的租赁社区公共用房，租金 16162.54 元／月；18.05% 的租赁私人产权用房，租金 25761.64 元／月；5.42% 的租赁国有资产用房，租金 46614.63 元／月。在购置的主要设备中，监控报警设备平均 6.04 万元，厨房类设备平均 9.21 万元，教学教具设备平均 28.76 万元，户外活动设备平均 15.07 万元。投资回收周期（或预计周期）中，36.46% 选择"5 年以上"，31.77% 选择"3~5 年（不含）"，27.44% 选择"1~3 年（不含）"，4.33% 选择"1 年以内（不含 1 年）"。

四是从业人员培训机制以及规范管理的知识和能力均有待加强。问及"您对《托育机构负责人培训大纲（试行）》和《托育机构保育人员培训大纲（试行）》的了解程度？"时，有 61.01% 的托育机构表示了解一些，35.74% 表示非常了解，3.25% 表示完全不了解。问及"您对 2019 年 10 月印发的《托育机构设置标准（试行）》和《托育机构管理规范（试行）》的了解程度？"时，41.52% 的托育机构表示非常了解，56.32% 的托育机构表示了解一些，表示完全不了解的占 2.16%。

二、推动托育服务高质量发展的思考与建议

（一）推动地方政府合理设置托育服务发展目标和资源规划策略，在盘活存量的基础上扩大增量，构建适合城乡和区域特点的服务模式

第一，积极贯彻落实国家战略，推动实现适度生育水平。增强生育政策包容性，推动生育政策与经济社会政策配套衔接，减轻家庭生育、养育、教育负担，释放生育政策潜力。托育服务工作目前还处于起步阶段，社会责任大、涉及部门广，为有力推动托育服务健康发展，应切实落实《国务院办公厅关于促进3岁以下婴幼儿照护服务发展的指导意见》，将托育服务发展纳入本地区政府重点工作、民生工程或政府目标绩效考核，制定更加详细的考核细则，做到责任到位、职责明确，任务细化，问责机制完善。

第二，充分考虑城乡差异，积极发展多种形式的托育服务机构。我国托育服务发展的地区性差异明显，尤其是城乡之间的差别较大。不同的经济发展水平、文化背景下，3岁以下婴幼儿家庭对服务的需求也不同，因地制宜构建适合当地特点的婴幼儿照护服务模式，有利于托育服务可持续发展。在地区复杂性、家庭服务需求多元化的背景下，托育服务的载体也应该是多元化的。托育服务的发展不仅等同于只由机构提供托育服务，社区型托育服务和家庭式托育服务由于其便利性、灵活性、价格亲民以及更具人文关怀而有其独特的发展空间。因此，建议构建普惠托育服务体系过程中，更加积极发展多种形式的托育服务机构。加强对家庭照护和社区服务的支持指导，增强家庭科学育儿能力。鼓励有条件的用

人单位和社会组织提供普惠托育服务，鼓励有条件的幼儿园发展托幼一体化服务。

第三，做好"四个"资源的统筹运用，在盘活存量的基础上扩大增量。一是统筹运用现有财政资源。参照普惠幼儿园生均补贴的标准，继续为幼儿园托班收托3岁以下婴幼儿提供财政经费支持。二是统筹运用现有政策资源，加强普惠托育服务专项行动宣传，明确申报要求、流程、时限和补贴方式，广泛动员社会力量参与提供普惠托育服务。三是统筹运用现有服务资源。盘活存量，进一步加大对无证托育机构的规范和引导，为符合条件的托育机构改扩建提供建设资金补贴，推动托育服务资源转化和质量提升。充分利用基层医疗卫生和妇幼保健资源，通过医育结合为托育机构提供业务指导和健康教育，为托育服务发展提供健康支撑。四是统筹运用现有社区资源。以社区为依托，按照"提升增量、挖潜存量、创新形式"的总体思路，自办、合作办、委托办等多元模式并举，"建、收、扩、租"四措并行，新建、改扩建、以租代建、回收闲置空间、盘活因各种原因停办的资源及未充分利用的社区空间，提供与常住人口规模相适应的托育服务及配套安全设施，并充分考虑进城务工人员随迁婴幼儿的需求。

（二）完善家庭政策和科学育儿指导服务，增强家庭照护能力

发挥政府的主导作用，通过制定家庭政策来满足婴幼儿家庭的需求。家庭支持政策是政府和社会向家庭提供的政策、资金和服务支持，为家庭育儿提供支持，建立儿童发展与教育的长效机制。应积极开展婴幼儿照护知识入户指导，普及科学喂养、营养指导、生长发育监测、早期教育、家长课堂等服务和科普教育活动。支持优质机构、行业协会开发公益课程，利用互联网平台等免费开放，依托居委会、村委会等基层力量提供科学

育儿家庭指导服务，帮助家庭成员提高照护能力。建立常态化指导监督机制，加强政策宣传引导，强化家庭监护婴幼儿的主体责任。借鉴西方经验，向家庭提供儿童照顾津贴，使父母在幼儿照顾方面有更多的选择。政府可按幼儿家庭收入情况，向幼儿家长发放儿童照顾津贴，或发放服务券，幼儿及其家长可在政府所划定的机构内使用服务券享受相关服务。

此外，鉴于当前家庭式托育服务因其独特的优势而越来越多受到家长的关注，需要加紧研究并尽快出台家庭托育点管理办法，探索推进家庭托育服务发展。

（三）加快社区托育服务能力建设，通过整体规划优化社区托育点位布局

首先，作为社区服务基础设施建设重要组成部分，应明确将托育机构建设纳入新建小区规划，做到与其他建设设施同步规划。完善社区托育服务指标体系建设，建立社区托育服务点设置标准、安全标准，从业人员资质、照护服务工作标准，设立社区婴幼儿照护指导率、婴幼儿照护服务社区覆盖率、婴幼儿健康管理率等工作考核指标。

其次，增加社区托育照护服务点，构建15分钟婴幼儿照护服务圈体系，使社区成为直接提供托育服务的前沿阵地，满足家庭"就近托""临时托"的需求。鼓励和支持企事业（机关）单位、街道社区、园区等提供场地或经费支持，与第三方专业组织合作，提供公益性、福利性、普惠性的全日托、半日托、临时托等服务。将照护服务工作融入社区日常管理服务中，推进医幼结合，鼓励社区卫生服务中心和社区托育服务点签约服务，提高托育服务点的医疗应急处理能力。

最后，充分利用现有托育资源（包括社区托育服务中心、各种早教和幼教机构等）和已有社区公共服务资源（如社区文化活动中心、社区家庭

精神文明建设指导中心等），在所提供的为民服务项目中增设托育服务内容。要充分利用和发挥社区优势，充分调动社会多方面的力量，尽可能利用社区资源开展 3 岁以下婴幼儿活动，努力实现社区服务社会化。

（四）推动各项政策协同落实，实现托育服务规范、有序、普惠、高质量发展

第一，尽快建立和完善托育机构监管的法律法规，推动托育机构监管工作规范。我国东部、中部、西部地区存在差距，同一地区内部的城乡之间也存在较大不同，同一城区内部的新旧居住区之间的设施用地状况也存在不同特点，对各地制定和完善法律法规提出了更高要求，建议在包容机构设施差异性的前提下建立安全监管底线，统一服务质量的监督管理要求。托育服务行业中机构类型众多、条件差别大，通过有效监督引导机构按照标准规范执业，避免出现安全事故问题迫在眉睫。应抓紧建立托育服务行业的监管体系、完善相关法律法规，明确部门监管职能，将托育服务监管纳入卫生监督职责范围，赋予相应执法权，解决当前监管无法可依的情况，促进行业健康发展。

第二，坚持全社会共同参与的机构托育发展路径，进一步扩大普惠性托育机构覆盖面，改善和优化托育机构类型结构。促进托育机构的发展不再单纯是政府部门的责任，而需要通过全社会共同参与，探索政府购买托育服务的合作模式，扩大普惠性机构的覆盖面。鼓励建设公办托育机构，给予政策优惠；推动建设公办民营、民办公助等多种形式的托育机构，政府通过出资、出土地、出房屋等创办托育机构，交由有资质、口碑好的社会机构经营管理，政府进行有效监管。鼓励社会力量和民间资本按照非营利原则投资托育事业。以托位数或实际在托时间，给予一定标准的补贴，并限定普惠性托育机构收费标准。应给予非营利性民办托育机构在人员经

费或从业人员继续教育方面享有公共财政补贴的权利。针对部分托育机构的商业用水、用电、用气等，可考虑按照居民用水、用电、用气价格执行。明确税收、金融等具体优惠政策，使政策执行更加具有可操作性。

第三，鼓励有条件的幼儿园向下延伸提供托育服务，加强卫生健康部门与教育部门之间的沟通及互认机制。由于公办托育机构建设受到编制的严格限制，从目前看，通过幼儿园下沉做托育，实现托幼服务资源、场地共享、师资人员融通的托幼一体化是托育服务发展的一种较为可行的模式。由于幼儿园已经有完备的资格，建议幼儿园开展托育服务时不必再做重复注册，只要有教育部门审批证明就可以注册通过，当前在汕头、大连等城市已经实施此类政策，对有效增加托育服务供给起到了积极作用。因此，要加强卫生健康、教育、民政、编办、市场监督管理等部门之间的沟通协调，落实备案登记管理办法中关于不同性质托育机构在不同部门申报登记的有关要求。

第四，加强托育人才培养及培训，推动托育从业人员资格认定。针对各地区托育人才不足的现状，首先要根据教育部专业调整相关要求，大力扶持开放大学、职业院校、高等院校等增设0~3岁婴幼儿照护相关专业，系统培养托育人才，有条件的托育机构为学生提供实习基地。其次，要将托育从业人员培训纳入急需紧缺的职业培训目录和政府补贴的职业培训目录中，充分发挥行业协会、有资质的社会培训机构等开展托育从业人员培训，形成"学历教育＋培训"的托育人才培育及供给体系。建立在职培训机制，对在职的托育从业人员，有计划组织旨在全面提升业务素质和学历层次的脱产进修。

第五，推动托育从业人员资格认定，建立完善保育师职业资格认证标准，畅通职称、职务晋升渠道及路径，增强托育从业人员的职业归属感、职业认可。通过提高工资待遇和增加补贴等多种方式，提高对从业人员的吸引力，减少人员流失，保证服务人员梯队的稳定性。需要指出的是，托育服务虽然城乡有别、需求存在差异，但信任和安全上的要求是一致的。因此，在构建多样化、多层次托育服务体系过程中，加快制定人员、卫生、营养、健康等方面的服务标准也很重要，只有明确了服务标准和服务内容，从业人员的待遇也才能更加稳定和有保障。

执笔人：佘　宇（国务院发展研究中心）

史　毅（中国人口与发展研究中心）

白　钰（中央民族大学）

（本文成稿于 2022 年 4 月 28 日）

促进普惠托育服务的思考和建议

随着人口出生率持续走低、老龄化程度进一步加深、家庭规模日趋小型化、人口流动更加频繁，加快发展普惠托育服务，日益成为最现实、最紧迫、最突出的民生问题。2019 年以来，国家陆续出台一系列鼓励和支持托育服务发展的"利好"政策，托育机构和托位数量明显增加，服务供给能力不断增强。但从调研情况[①]看，现有托位以收费较高的民办营利性机构服务为主，普惠性托位供给严重不足，实践中仍存在不少制约普惠托育服务健康发展的瓶颈性因素。

一、制约普惠托育服务健康发展的五大问题

（一）存在政策"打架"现象

首先，政策规定和执行不一致。国家发展改革委、国家卫生健康委 2019 年 10 月印发的《支持社会力量发展普惠托育服务专项行动实施方案（试行）》提出对新建和改扩建项目均予以支持，但调研发现，很多地区仅针对新建托育项目，并不支持改扩建项目。以内蒙古某民办幼儿园为例，该园期望转成普惠托育机构，如将原有的 30 个学位改建为托位，则不能获得补贴，只有增加新的托位才可以申请到相关补贴。调查显示，享受普

[①] 为深入了解近年来托育机构发展现状、面临的问题挑战和希望得到的政策支持，我们采取线上和线下相结合，通过机构考察、部门座谈、个人访谈等方式在多地开展调研，并依托各地托育行业协会、托育头部企业等在全国23个省（自治区、直辖市）开展托育服务供需状况调查。

惠托育服务专项补贴的托育机构仅占 6.86%，其中民办托育机构中享受普惠专项补贴的比例更低，仅有 2.76%。

其次，政策支持力度和收费价格要求不对等。现有的普惠专项行动仅提供建设资金补贴而没有运营补贴，但要求接受建设补贴的托育机构按照较低的价格收费。调研发现，除了建设补贴支持覆盖范围和水平不高外，其他类型的支持政策也不容乐观。享受过房租减免政策的机构占 7.94%，享受税收优惠的机构占 5.42%，享受运营补贴和设备购置补贴的机构约占 5.05%，享受过培训补助支持的机构约占 3.61%，享受过土地划拨支持的机构仅占 2.53%，享受过贴息贷款支持的机构仅占 0.36%，上述比例在民办托育机构中的水平更低，导致民办托育机构普遍存在顾虑，认为申请成功后不但未能有效降低成本反而要接受限价或指导价，难以实现营收平衡，故不愿意再去积极申请普惠托育项目。

最后，监管政策和备案政策之间存在矛盾。托育服务监管的对象是所有实际提供托育服务的机构，但市场上获得备案的机构不足 30%。由于现行的托育机构备案制度是事后备案而不是事前审批，业务主管部门无权要求未备案的机构停业整改，但一旦出现安全事故又需要为此负责，造成"必须管"但又"管不了"的两难困境。

（二）托育服务发展空间小

首先，用地保障落实难度较大。虽然多个政策文件都提出了要加强对托育服务的用地保障，但城区普遍缺少可利用的土地空间资源，特别是北京、杭州、上海等地的老旧居住区，建设规划很难改动，只能要求新建居住区配套。此外，用房成本高是当前托育服务业的主要制约和风险因素之一，但由于经济发展水平的差异，每个托位 1 万元的建设补贴对托育机构建设成本的补贴程度也存在差距，对大城市托位建设成本的降费效应并不明显。与其他类型城市或农村地区相比，大城市人力成本也较高，导致托育服务总体供给水平较低且价格偏高，现有的普惠托育支持政策对大城市托育机构降低运营成本的作用明显小于其他地区。

其次，民办托育机构用地租赁情况复杂，税费优惠政策落实困难。调查显示，托育机构使用自建用房或自购用房的比例仅为11.91%，接近75%的机构均为租赁住房，还有少部分机构使用政府配套物业或其他房屋。在使用租赁房屋的托育机构中，租赁商业用房的比例约占61.35%，租赁私人产权用房的比例约为24.15%，租赁社区公共用房和国有资产用房的比例仅为14.50%。在新冠疫情的冲击下，刚刚起步的托育机构运营压力更大，部分机构已经或正在面临倒闭风险。尽管国家出台了相关减租免租政策，但租用私人产权用房的托育机构较多，商业综合体或临街商铺的二手租赁比例也较高，房租减免政策很难直接落实到托育机构。调查显示，85.24%的民办机构表示没有享受过任何政策优惠，各项税收减免、补贴等政策也主要向公办、公建民营的托育机构倾斜，反映出当前托育机构的建设和发展缺乏政府相关政策的有力支持，托育机构发展建设迟缓。

（三）标准规范缺乏兼容性

设置有效的标准规范是托育服务安全发展的基础，也是婴幼儿健康成长的保障。目前国家已出台托育机构设置标准、管理规范、保育指导大纲和婴幼儿伤害预防指南等文件，为完善服务规范、降低服务风险提供了依据，但仍存在一些不足。

首先，机构设置标准重点针对具有一定规模的托育服务机构，缺乏针对用人单位办托、家庭托育点、社区托育点的设置标准，而这些机构在托育服务市场中占据了一定比例（调查显示约为6.16%，但考虑到抽样和拒访等问题，实际比例应该更高）。而且，调查还显示，在机构设置标准缺失的同时，托育机构自身应对风险的能力也相对不足，参加场地险、儿童意外伤害险、财产险等商业保险的比例较低，约有 82.31% 的机构未参加任何商业保险。

其次，幼儿园托班缺少专门的服务标准规范，大多是参照幼儿园的服务标准规范执行，对 3 岁以下婴幼儿的适应性和包容性不足。调查显示，幼儿园托班负责人对《托育机构设置标准（试行）》《托育机构管理规范（试行）》《托儿所、幼儿园建筑设计规范》等政策文件均非常了解的比例仅为 22.91%，了解一些的比例约为 68.75%，均低于其他类型托育机构负责人。

再次，关于硬件设施标准要求既多又高，关于服务过程和服务人员的标准规范却相对较少。以浙江为例，其托育机构备案率在全国位居前列，但仍存在大量机构未能备案，其中接近 90% 是因为消防验收不合格，如何针对不同类型的托育机构细化消防验收标准成为迫切需要解决的问题。同时，针对托育服务过程中的活动安排、服务监督和人员资质评价考核，目前仍缺乏较为详细的规定，这些对于婴幼儿成长更为重要。

最后，托育行业不仅存在人才数量严重不足的问题，而且面临从业人员素质参差不齐、人才培养培训体系不完善、培训课程资源质量不佳等问题。目前，国家和行业尚未出台一套科学有效的教学进程及课程体系，教材方面更是存在一大空白，不同机构的课程体系五花八门，有些直接使用未经评定和优化的国外教材，有些按照早教模式开展托育，有些甚至照搬幼儿园的教学内容，把托班办成幼儿园小班，这对托育行业公信力造成了不良影响，也是托位使用率不高的重要原因。

（四）统计口径界定不清

完整、规范的调查统计制度是衡量行业发展的重要手段，行业统计不规范会影响政府和社会公众对行业发展的认知和了解。

首先，托育服务发展规划目标与需求不一致。当前多数地区将每千人口拥有 3 岁以下婴幼儿托位数作为主要指标，该指标的分母是全人口而不是托育服务对象，同样的指标值在深度老龄化地区可能会造成资源浪费，在年龄结构较轻的地区则难以满足需求。值得注意的是，有的地区使用婴幼儿入托率（上海浦东）、新增托位数量（上海、云南）等指标，指标设置与托育需求和供给的关系更加紧密。

其次，托育服务统计口径不统一。在具体托育服务统计过程中，各地对于幼儿园托班、用人单位办托、家庭托育点等类型的托位数是否纳入统计范围，存在不同的处理方式，有的地区统计覆盖了所有举办类型，有的则覆盖了部分类型。不纳入统计范围，则掌握不到托育服务发展状况；纳入统计范围，则又面临"合规"和"不合规"托育机构的区分问题。

最后，托育备案机构与托育服务机构不统一。在所有实际提供托育服务的机构中，完成备案登记的机构比例较低，但这部分机构提供的托位数基本都被纳入服务统计，已备案和未备案的托位数量难以有效区分，容易误导决策者和社会公众对托育行业的认知，导致过度关注托位数量的迅速增加，而忽视了托育服务的规范性问题。管理和服务两个统计口径，容易造成谈管理时不把未备案的托育机构统计在内，谈发展时又把其统计在内，这与托育服务高质量发展的评价标准并不契合。

（五）服务资源缺乏统筹规划

近年来，社会力量举办托育服务的热情高涨，各地托育机构建设速度明显提升，托育机构数量迅速增加。按照国家"十四五"规划预期，到2025 年至少需要新增 381 万个托位。但随着出生人口的下降，部分地区幼儿园学位空余闲置的问题已经初步显现，而且未来学前教育资源的闲置将越来越明显。根据我们的测算，"十四五"期间，即使 3~5 岁儿童入园率从 2021 年的 88.1% 提高到 100%，2 岁和 6 岁入园率分别保持 5.12% 和 11.61% 的水平 [①]，在园幼儿数也将从 2020 年的 4818.6 万人下降至 3626.3 万人，从而产生近 1200 万个学位空余。自 2022 年开始，我国幼儿园将开始出现约 150 万个学位空余，此后每年将新增 300 万个以上的学位空余。

在新的人口发展形势下，托育服务资源快速扩张不仅不利于托育行业的良性可持续发展，反而可能引发新一轮的行业危机和供需矛盾。以上海市为例，越来越多的公办园正在举办托班，公办园托班"性价比比较高，公办园一年托班的费用，也就是私立托育机构一个月的费用"，示范园收费也仅 700 元 / 元左右。不管是价格还是环境，面对幼儿园托班的先天发展优势，消费者都会"用脚投票"，导致公办园托班"一位难求"、民办托育机构招生不足共存的局面。调研中，有托育从业者表示："原来是'贴'着幼儿园开，为幼儿园输送生源，现在是'躲'着幼儿园开，怕幼儿园抢生源。"如何在避免学前教育资源大量闲置的同时，推动托育服务适度有序发展，已成为迫切需要反思和审视的问题。

二、相关思考和建议

在当前形势下，构建有利于托育服务可持续发展的政策环境，真正

---

① 根据《中国教育统计年鉴（2020）》，2020年在园总人数为4818万人，分年龄的在园幼儿人数分别为：2岁及以下78万人、3岁1297万人、4岁1501万人、5岁1743万人、6岁及以上196万人。根据2020年毛入园率85.2%，反推2020年的3~6周岁适龄人口为5655万人。另据"七普"数据，2020我国2岁人口为1524万人、3~5岁人口5163万人、6岁人口1688万人，由此可以得到2岁、3~5岁、6岁幼儿入园率分别为5.12%、87.95%、11.61%。需要指出的是，由于涉及教育口径下的人口数和实际普查统计的人口数且历来都有差异，因此，这里进行了适当调整，通过上述方式对分年龄的入园率进行估计。

降低托育机构的运营成本、婴幼儿家庭的照护负担和地方财政的长期压力，提高机构服务、家长参与和部门协同的三方积极性，是多渠道有效扩大普惠托育服务供给、推动普惠托育服务可持续发展的关键。托育服务发展中面临的困难和问题，有些涉及国家政策的引导和完善，有些涉及地方工作机制的建立和资源的优化整合。因此，建议从以下五方面予以完善。

（一）统一规划、分步实施

加强各地人口形势变化分析，制定托育服务专项规划，定期开展规划执行状况的监测评估，分析低生育水平和政策变动对学前教育、早期教育等各类资源利用和发展的影响，明确托育服务发展的工作思路、理念和方式方法。强化部门联席会议的作用，促进相关部门协同发力，共同研究制定支持普惠托育服务发展的政策清单。

（二）落实并完善配套支持政策

解决普惠托育专项行动资金有效落地问题。探索建立托育服务生均补贴机制，对符合普惠条件的托育机构按照托位和收托人数进行运营补贴，如杭州临安区按照实际入托人数给予生均经费补助 550 元 / 年，并且该标准参照当地学前教育日常生均经费标准同步调整。落实水电税收补贴、租金、贷款优惠政策，通过场地提供、租金减免、水电气优惠等方式支持普惠托育服务发展，如上海针对部分普惠机构或免除租金，或承担部分装修费用。

（三）加强从业人员培训和环境安全监管

做好无证、未备案托育机构的规范、引导和转化工作，参考幼儿园安全管理和周边治安环境要求，提升托育机构安全管理水平，改善周边治安环境。深入研究托育机构消防验收问题并提出解决方案，加强日常监督检查，全方位保障托育安全。参考幼儿园、中小学的学生平安保险，设立可供托育机构及婴幼儿家庭购买的平安保险，降低机构的运营风险。鼓励社区卫生服务中心和托育机构签约服务，提高托育机构的医疗应急处理能力。建立托育人员从业认证标准并逐步实施执业资格准入制度，特别要加强法治意识、职业道德、安全教育、保育技能等方面的培训，提高人才质量和专业能力。加快研制课程体系，编写相关教材，将托育机构从业人员的常态化培训纳入公共预算保障范围。

（四）建立托育服务社会信用评价体系

丰富全国托育服务机构备案登记系统信息，加强行业监管。建立托育服务机构婴幼儿信息管理系统，加强儿童安全健康监管。建立托育服务社会信息平台，面向社会提供信息服务和反馈渠道。尽快出台系统规范的全国托育服务统计调查制度，统一各地统计口径，提高统计的精准性和有效性，为政府部门全面掌握和了解托育服务信息提供有力支撑。

（五）统筹优化学前教育与托育服务资源

结合我国普惠性幼儿园的覆盖特点，推动学前教育提供普惠托育服务，提前做好学前教育资源向托育服务资源转化的可行性评估和政策规划储备。例如，上海在 2000 年以后结合出生人口减少的情况推动了一批幼儿园开办托班，既保护了学前教育资源，也有效解决了 3 岁以下婴幼儿照护问题。在避免托育行业盲目扩张的同时，进一步完善和落实现存托育机构的普惠支持政策。引导社会力量重点提供差异化的托育服务，补充休息日托管、临时托管、夜间紧急托管等服务形式，增强托育服务的多样性和灵活性，满足不同层次家庭的特殊托育服务需求。

执笔人：佘　宇（国务院发展研究中心）

史　毅（中国人口与发展研究中心）

（本文成稿于 2022 年 5 月 9 日）

整治"五毛零食"乱象，守护农村儿童健康

一、我国农村"五毛零食"泛滥对儿童健康
产生不利影响

当前，我国农村市场儿童食品安全状况堪忧，农村儿童食用"五毛零食"①的现象普遍。比起城市，农村及周边地区更容易成为"五毛零食"的聚集地。相关研究②显示，农村学校周边出售的零食中，生产机构信息虚假的比例高达30%。在不少农村小卖部"五毛零食"充斥货柜，甚至包括"奥和奥""营养干线""康帅傅"等假冒伪劣食品。这些"五毛零食"中，饮料类食品基本是由食用香精、甜味剂、酸味剂、色素等食品添加剂调制而成的劣质产品，而糕点类食品往往又含有营养密度低、能量密度高的劣质油脂。

此外，随着近年农村电商的迅速发展和线上零食市场的活跃，农村儿童家庭零食的采购渠道也从线下的商铺扩展到线上、线下多种购物方式并存。阿里研究院发布的《2020年线上儿童零食行业趋势洞察》报告显示，线上渠道儿童零食市场增速快于整体市场增速3倍。由于交通不便、信息相对闭塞，以及监管有限、农村居民平均购买力相对较低等，农村成为线上渠道销售"五毛零食"的重灾区。

---

① 按照《中国儿童青少年零食消费指南》的定义，零食为非正餐时间食用的各种少量食物和饮料。"五毛零食"是特定零食的俗称，主要指价格在五毛钱左右、因味美价廉而受到儿童喜爱的休闲食品。这类零食大多包装花哨、味道刺激、名字稀奇，但是营养价值低，甚至是"三无"食品或者"山寨"食品。

② 彭亚拉：《劣质小零食对农村家庭存潜在威胁》，《食品界》2017年第5期。该研究围绕儿童营养和食品安全开展长达三年的研究，调研团队选取了6省12所农村小学与2所流动儿童小学共5000多个样本进行研究。

"五毛零食"的泛滥对儿童的健康带来极为不利的影响。研究显示，儿童每日摄入热量近 1/3 来源于零食，儿童营养不良和超重肥胖的双重负担很大程度与儿童零食的消费有关。"五毛零食"存在产品缺乏明确的标准、生产环节存有安全隐患（食品中细菌量超标）、包装使用不规范、儿童零食添加剂量（色素、调味品等）较高等问题。长期食用"五毛零食"易导致维生素和微量元素缺乏等隐性营养不良问题，同时也会增加儿童肥胖、龋齿、心脑血管疾病的发生概率[①]。《中国儿童肥胖报告》显示，每天增加饮用一份含糖饮料的儿童发生肥胖的风险会增加 1.6 倍。2020 年中国发展研究基金会和中国儿童中心共同开展了"脱贫地区儿童早期发展调查"[②]结果也显示，农村肥胖儿童相比较正常体重的同伴，更倾向于经常购买油炸食品、膨化食品和含糖饮料。长此以往，廉价和看似无足轻重的"五毛零食"将会成为农村儿童健康的隐患，并伴随沉重的疾病和经济负担。

二、农村"五毛零食"泛滥现象背后的原因分析

（一）农村成为"五毛零食"的下沉市场，但监管难度较大

商务部发布的《消费升级背景下零食行业发展报告》显示，中国目前零食行业市场已进入"快车道"，开始在快消市场中占据重要位置[③]。食品

---

① 世界卫生组织在 2016 年至 2017 年间抽检了英国、丹麦和西班牙市面上的婴儿食品。在检测过程中发现，部分生产商在食品中加入了果茸等以增加糖分。若经常食用这些食品，会给婴儿造成龋齿、肥胖等多种健康伤害。

② 2020年中国发展研究基金会和中国儿童中心共同开展了"脱贫地区儿童早期发展调查"，在680个原贫困县中随机抽取了20个县64个村5353名0~6岁儿童进行测评。

③ 数据显示，2020年零食行业总产值规模近3万亿元。

伙伴网行业研究中心的报告预计，到2025年我国休闲零食行业销售额有望突破4万亿元。

但是，儿童食品市场快速发展的同时，"五毛零食"占据的市场比例随之增加。一方面，由于农村造假成本低、专职的市场监管人员较少、缺乏必要的检测设备等原因，导致农村生产"五毛零食"的"黑作坊"较多、监管"五毛零食"的难度较大。另一方面，与城市市场不同，由于品牌认知程度低、维权意识相对淡薄，一些不负责任的商家"看客下菜"，发往农村收货地址的儿童零食存在以次充好、真假混卖的现象。

（二）线上儿童食品广告泛滥，缺乏质量控制和销售规范

近年我国零食行业的销售经历了由传统渠道向现代渠道的转变[①]。其中，依托网络零售进行儿童食品销售的线上渠道发展迅猛，网络零售成为儿童食品零售行业销售的重要渠道，同时互联网媒体对消费者消费决策的影响日益增强，越来越多的儿童食品广告经由互联网平台投放。2020年底我国未成年人互联网普及率达94.9%，城乡普及率差距从2018年的5.4个百分点缩小至0.3个百分点[②]。大型平台发布的零食广告娱乐属性强，对年轻用户具有极大的吸引力。

但是，线上销售渠道也存在信息实效性强、传播速度快、事后监管难度大等问题。食品企业利用互联网、社交媒体等数字化营销手段影响儿童

---

① 传统渠道包括批发直营店、小卖亭、书报摊以及超市卖场等，现代渠道以超市业态、便利店、专卖店以及网络零售为主。

② 国务院新闻办公室2022年发布《新时代的中国青年》白皮书显示，互联网已经成为当代青少年不可或缺的生活方式、成长空间、"第六感官"。随着互联网的快速普及，越来越多的青年便捷地获取信息、交流思想、交友互动、购物消费，青年的学习、生活和工作方式发生深刻改变。

选择不健康的饮食，所产生的影响远远大于传统媒体[①]。一些以美食直播为传播媒介的销售商，发布不切实际甚至误导性的儿童零食广告，容易诱导儿童及其照护人产生误解并作出不理智的消费决策。

（三）农村儿童家庭食物消费能力提升，但食品安全观念薄弱

脱贫攻坚后，我国农村儿童家庭的经济状况大幅改善，农村居民消费能力日益增强，农村儿童零食支付能力也随之提高。儿童自身对食品的认知能力有限，辨别食物安全的意识和能力较弱，甚至在学校中存在攀比购买零食的现象。此外，农村地区留守儿童比重较大，主要由隔代监护人照顾。外出务工的家长出于补偿心理，倾向于用网购儿童食品回家来表达对儿童的关注；而隔代监护人受教育程度偏低，食物营养与食品安全的意识匮乏、知识薄弱，辨别"五毛食品"质量问题的能力较低，无法对儿童采购零食的行为进行劝阻。

三、应对农村"五毛零食"泛滥的三点建议

（一）进一步规范线下农村儿童食品市场，从源头到供应链加大监管力度

在生产环节，通过完善儿童食品审批资质的门槛要求、提供对应的儿童食品质量检测证书，以及在高糖饮料、高盐零食上添加警示标识并适当

---

① 世界卫生组织的数据显示，在法国和美国，线上可口可乐和吉百利的促销活动所创造的直接投资收益率是电视广告的4倍以上。

进行专项征税^①等方式，从源头加强对儿童食品厂家的引导。与此同时，坚决取缔生产儿童零食的"黑作坊"，并加快建立行业黑名单制度，对社会予以公示；在流通环节，建议参考《中国儿童青少年零食指南》，更新中国副食流通协会发布的《儿童零食通用要求》，推动农村儿童零食市场的规范化、标准化水平；在销售环节，可以借鉴2017年北京市针对中小学学校周边商户开展的"五毛零食"专项整治，对农村学校周边商户定期开展抽查工作。严格把关并查处生产经营不符合儿童食品安全标准的销售点，加大对假冒伪劣食品的打击力度，杜绝其在农村地区的泛滥。

（二）构建新型互联网平台儿童食品广告的监管规范

考虑到互联网不同平台广告形式与内容传播方式的差异，建议借鉴世界卫生组织《解决数字世界中儿童的食品营销问题：跨学科视角》^②中的建议，在当前的《中华人民共和国广告法》和《网络直播营销管理办法》^③中细化相关条款，限制针对零食营销活动受众的最低法定年龄，禁止在特定时段或在青少年电视节目中播放广告，尤其是禁止电商平台分地域针对农村地区的"囤货营销"和"劣品营销"行为。对于明显违反《中华人民共和国广告法》的儿童食品宣传视频广告采取责令修改或者强制下架等措

---

① 墨西哥实施含糖饮料征税有成功经验。在墨西哥，添加糖提供的能量占总能量的12.5%，超过了WHO提出的10%的上限。含糖饮料提供的添加糖占饮食提供添加糖总量的70%。2014年，墨西哥实施了对含糖饮料每公升征税1比索的法案，相应的含糖饮料的价格上涨了11%。实施税收后一年，含糖饮料的消费量减少了12%，低收入家庭消费量的减少更为明显，减少了17%，普通饮用水的消费量增加了4%。实施税收后第二年，含糖饮料的人均消费量下降了7.3%，普通饮用水的消费量上升了5.2%。

② 报告显示，儿童参与数字媒体不应该以接收高脂肪、高糖分和高盐分类食品的数字广告为基础，也不应以父母同意为前提。建议对孩子的健康保护从线下拓展到线上，通过限制数字化营销的发展，让更多的人尤其是儿童这样的弱势群体远离不健康饮食的危害。

③ 其中，《网络直播营销管理办法》侧重为从事网络直播营销活动的商家、主播、平台、主播服务机构（如MCN）和参与营销互动的用户等主体提供行为指南，而《中华人民共和国广告法》的广告活动规范范围包括非直播网络视频营销，如利用短视频营销的营销活动。

施；建议市场监督管理总局、中国广告协会等机构 [①] 建立线上儿童食品消费监测机制，建立含糖饮料消费监测和评价系统，了解儿童群体含糖饮料的消费行为，参考监测的数据评估结果，引导食品行业规范儿童食品广告的内容，开展法律宣传、广告合规培训和咨询等自律性。

（三）引导农村儿童及其照护人树立科学的膳食观念及食品安全意识

通过民俗活动、村医入户上门、"大喇叭"、乡镇卫生院张贴海报等多种形式，因地制宜在农村对"五毛零食"对儿童的危害性进行宣传，引导儿童及其照护人树立科学的饮食观念和食品安全意识，提高网络消费辨别能力。可以借鉴湖南省长沙市儿童友好城市"食育"推动计划的经验，在学校中开展适合儿童的健康宣传，通过赋能儿童群体的方式提高其对健康食品的选择能力，抵制不健康食品、饮料广告和营销活动，教育儿童购买零食时远离"五毛"食品、"三无"产品及过期食品。

执笔人：李雨童（中国发展研究基金会）

佘　宇（国务院发展研究中心）

张建瑞（华中科技大学同济医学院）

（本文成稿于 2022 年 5 月 20 日）

---

① 中国广告协会是我国规模最大、涵盖广告活动主体最为广泛的全国性的广告行业组织。

发展普惠托育服务，须跳出托育看托育

托育服务是保障和改善民生的重要内容，事关婴幼儿健康成长，事关千家万户。2022年《政府工作报告》提出，要多渠道发展普惠托育服务，减轻家庭生育、养育、教育负担。

事实上，自2019年4月国务院办公厅印发《国务院办公厅关于促进3岁以下婴幼儿照护服务发展的指导意见》起，短短三年时间，国家层面已陆续出台了一系列鼓励和支持托育服务发展的"利好"政策，各地也因地制宜开展了多种形式的模式探索并辅之以各有特色的"亮点"举措，各级行业协会（学会）和专业智库如雨后春笋般蓬勃发展，开展形式多样的学术交流和丰富多彩的培训活动。虽然其间受到新冠疫情的影响，但总体而言，我国托育服务发展面临前所未有的良好机遇。

第七次全国人口普查数据显示，我国人口增速较上一个十年进一步放缓，3岁以下婴幼儿数量也在减少。近年来，在国家和地方一系列政策支持引导下，托育机构数量明显增加、服务供给能力不断增强，但无论是全国性还是地区性的调查数据都表明，托育服务总体短缺状况仍未得到根本扭转。机构选址难、运营成本高、风险责任大、专业人才短缺等问题仍很突出，托育服务供给与需求之间还存在较大差距，广大家长殷殷期盼的安全优质、价格适中、方便可及的美好普惠托育服务需要仍未得到有效满足。未来五年、十五年甚至更长一个时期，仍须在多渠道有效增加普惠托育服务供给方面下大力气，这是托育服务发展的主要方向，更是推动三孩生育政策全面落地见效的重要配套支持措施。

当前，我国托育服务发展正处于改善管理、提高质量的关键起步期，要抓住这一重要时机，在增强托育服务供给能力的同时注重能力建设，实现从业人员队伍"大而有序""质量并重"。要更好依托妇幼保健、公共卫生、学前教育、儿童保护、社区工作、计生、妇联等领域的基层队伍实现资源共建共享，鼓励行业协会（学会）、社会组织和专业智库研制托育服务从业人员培训课程指导标准，依托公办托育服务机构和承担指导功能的示范性、综合性托育服务中心，实行托育机构负责人、从业人员定期培训和全员轮训制度，加强相关业务指导，建立优质高效的质量控制与行业监管机制，持续改进和提升托育服务质量，确保其公平均衡、有活力、可持续，从而更好地支持和促进婴幼儿身心健康、全面发展。考虑到家庭照料仍将是主要抚育模式，应更好发挥卫生健康、教育等部门的专业优势和资源优势，以及公办托育服务机构的示范性和指导性作用，开发婴幼儿养育课程、父母课堂等，建设家庭科学育儿指导服务队伍，多形式、多渠道深入家庭开展宣传和指导服务，提高家庭科学育儿水平，改善家庭育儿理念，巩固家庭育儿的基础地位。

多渠道发展普惠托育服务，必须跳出托育看托育、立足全局看托育、放眼长远看托育。必须从积极应对人口老龄化、促进人口长期均衡发展的国家战略上重视托育服务，从着力解决人民群众普遍关心关注的民生问题、帮助家庭实现"工作—育儿"平衡上真抓托育服务，从持续改进和提升托育服务标准规范、支持和促进婴幼儿身心健康与全面发展上办好托育服务。必须把准托育服务发展新的历史方位，努力构建托育友好场所和社会环境，更好发挥政府投入引领和带动社会投入的作用，进一步疏解社会力量进入托育服务市场的堵点和难点，实现托育全产业链健康可持续发展，不断开创新时代托育服务发展新局面。

执笔人：佘　宇（国务院发展研究中心）

（原文载于《教育家》2022 年 5 月刊第 3 期）

适龄幼儿数减少背景下
统筹优化学前教育资源的建议

《2021 年全国教育事业发展统计公报》显示，全国共有学前教育在园幼儿①4805.21 万人，比上年减少 13.06 万人，这是 2004 年以来我国在园幼儿数的首次下降。在学前教育毛入园率②不断提升的情况下，适龄幼儿数下降③是在园幼儿数减少的主要原因，但学位缺口问题仍然存在。从近期及未来出生人口变化趋势看，"十四五"期间适龄幼儿数将持续下降，学位缺口将有望逐步缩小，由此带来的学前教育资源统筹优化问题需要高度关注。

一、"十四五"期间全国学前教育学位缺口将有望逐步缩小

《中国教育统计年鉴（2020）》显示，全国共有学前教育在园幼儿4818.26

---

① 学前教育在园幼儿含独立设置的幼儿园和其他学校附设幼儿班幼儿。

② 学前教育毛入园率是指学前教育在园（班）幼儿数（不考虑年龄）占3~5岁年龄组人口数的百分比。

③ 《中国统计摘要（2021）》显示，2020年3~5岁年龄组人口数（即2015—2017年出生人口之和）5302.5万人，2021年3~5岁年龄组人口数（即2016—2018年出生人口之和）5171.4万人，减少131.1万人；如果将年龄组扩大至2~6岁，则从2020年的8723.2万人（即2014—2018年出生人口之和）下降至2021年的8291.4万人（即2015—2019年出生人口之和），减少431.8万人。即便是根据2020年85.2%的毛入园率和2021年88.1%的毛入园率反推，适龄人口数也从5655.23万人下降至5454.27万人，减少200.96万人。

万人。分年龄看，2岁及以下79.6万人，3~5岁4542.21万人，6岁及以上196.45万人。另据《中国统计摘要（2021）》，2020年，我国2岁人口（即2018年出生人口）1523.4万人，3~5岁人口（即2015—2017年出生人口之和）5302.5万人，6岁人口（即2014年出生人口）1897.3万人，由此可以得到2岁、3~5岁和6岁人口的入园率依次为5.23%、85.66%和10.35%。需要指出的是，涉及教育口径下的人口数和实际普查统计的人口数历来都有差异[①]，因此，这里进行了适当调整，通过上述方式对分年龄的入园率进行估计。

假定2岁和6岁人口入园率在"十四五"期间均保持2020年的水平，首先可以得到2021年3~5岁人口入园率为88.13%。同时，假定2022年和2023年的全国出生人口均保持2021年的水平（即1062万人）。据此，我们可以分三种情境[②]对2022—2025年全国学前教育学位缺口情况进行测算（见图1）。

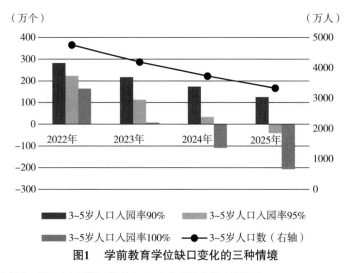

图1　学前教育学位缺口变化的三种情境

资料来源：根据《中国统计摘要（2021）》相关数据自行计算。

[①]　例如，根据2020年85.2%的毛入园率反推，3~5岁人口数为5655.23万人，但人口普查得到的该年龄组人口总数（即2015—2017年出生人口之和）为5302.5万人，二者相差350多万人。

[②]　《中共中央 国务院关于学前教育深化改革规范发展的若干意见》要求到2035年全面普及学前三年教育，国家"十四五"规划明确提出到2025年全国学前三年毛入园率达到90%以上。因此，假定到2025年3～5岁人口入园率分别上升至90%、95%和100%，并对三种情境下学前教育学位缺口变化情况进行测算。

情境一：假定到 2025 年 3~5 岁入园率达到 90%，则 2022—2025 年平均每年在 2021 年的基础上增加 0.5 个百分点。2022 年 3~5 岁入园率 88.63%，在园幼儿数 4470.93 万人，3~5 岁人口数 4753.7 万人，学位缺口 282.77 万个。2023—2024 年学位缺口仍然存在。2025 年在园幼儿数 3200.66 万人，3~5 岁人口数大致为 3326.1 万人，学位缺口仍有 125.44 万个。

情境二：假定到 2025 年 3~5 岁入园率达到 95%，则 2022—2025 年平均每年在 2021 年的基础上增加 1.75 个百分点。2022 年 3~5 岁入园率 89.88%，在园幼儿数 4530.36 万人，3~5 岁人口数 4753.7 万人，学位缺口 223.34 万个。2023—2024 年学位缺口仍然存在。2025 年起，学位开始富余，在园幼儿数 3366.97 万人，3~5 岁人口数大致为 3326.1 万人，学位富余 40.87 万个。

情境三：假定到 2025 年 3~5 岁入园率达到 100%，则 2022—2025 年平均每年在 2021 年的基础上增加 3 个百分点。2022 年 3~5 岁入园率 91.13%，在园幼儿数 4589.78 万人，3~5 岁人口数 4753.7 万人，学位缺口 163.92 万个。2024 年起，学位开始富余，在园幼儿数 3835.73 万人，3~5 岁人口数 3729.6 万人，学位富余 108.83 万个。2025 年，学位富余 207.17 万个。

二、幼儿园及在园幼儿数呈现"两增一减"的变化趋势

2020 年，我国学前三年毛入园率、普惠性幼儿园覆盖率（公办园和普

惠性民办园在园幼儿占比）和公办园在园幼儿占比依次为 85.2%、84.74% 和 50.63%，如期实现 2018 年 11 月颁布的《中共中央 国务院关于学前教育深化改革规范发展的若干意见》提出的学前三年毛入园率达到 85% 的普及目标、普惠性资源覆盖率达到 80% 的普惠目标和公办园在园幼儿占比原则上达到 50% 的结构性目标。2021 年，上述三项指标进一步提升至 88.1%、87.78% 和 51.88%。

事实上，2016 年[①] 以来，不同性质幼儿园及其在园幼儿数已呈现出不同的变化趋势（见图 2、图 3）。其中，公办园从 2016 年的 8.56 万所增至 2021 年的 12.81 万所，增加了 1/3 左右，在园幼儿从 1976.2 万人增至 2493.18 万人，增加了 1/4 左右；普惠性民办园从 5.8 万所增至 11.66 万所，翻了一倍，在园幼儿从 994.3 万人增至 1725.02 万人，增加了 3/4 左右；营利性民办园从 9.62 万所减至 5.01 万所，减少了近一半，在园幼儿从 1443.36 万人减至 587.01 万人，减少了近六成。

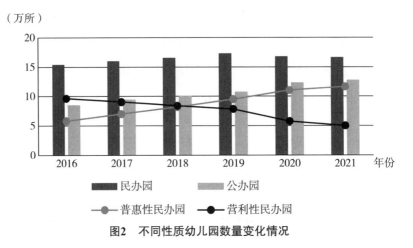

图2　不同性质幼儿园数量变化情况

资料来源：根据历年《中国教育统计年鉴》和《中国教育概况》。

---

① 自2016年起，教育部开始统计普惠性幼儿园在园幼儿占比。

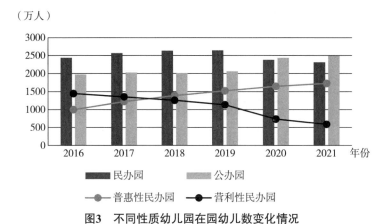

图3 不同性质幼儿园在园幼儿数变化情况

资料来源：根据历年《中国教育统计年鉴》和《中国教育概况》。

值得注意的是，民办园及在园幼儿数的变化情况以2019年为界大致分为两个阶段，前半段稳步增加，后半段逐渐减少。综合普惠性民办园和营利性民办园的变化情况，或可得出这样的结论，即前半段的稳步增加主要得益于普惠性民办园及在园幼儿数的增加，后半段的逐渐减少则主要受到营利性民办园及在园幼儿数持续减少的影响。

需要指出的是，随着经济社会发展和收入水平提高，家庭购买高端学前教育服务的意愿和能力也越来越强，营利性民办园特别是高端民办园，由于其提供的是基于供求关系、服务质量的"选择性"服务，在满足这部分家庭需求方面仍有一定优势。而普惠性民办园由于现有的认定标准和扶持政策还不够完善[①]，与公办园事实上存在着场地、投入等资源配置差距，这些年取得的发展成果还相对薄弱，短板和缺项还不少，质量也不够高，

---

① 各地对普惠性民办园的认定条件集中于对收费标准的约束，而对布局规划、园所质量、服务对象等关注不够，且现有的认定标准中对于收费也没有达成共识。绝大多数地方是执行或者参照同类公办园收费标准，有的允许适当上浮（个别地区最高可到2.5倍）。但公办园的收费标准并非经过全成本核算确定，实际享受了较大的财政补贴和优惠政策。对于追求自我收支平衡的普惠性民办园而言，除非政府能够提供充分的经费及其他保障，否则"低收费"只能以降低质量为代价。事实上，一些地方对普惠性民办园的限价扶持反而更加强化了"低收费、广招生"的外延式发展模式，使其锁定在低质量发展的水平上。片面强调"低收费"的结果往往是低收费、保运营、低质量。

接下来面临的在园幼儿数减少的挑战将比营利性民办园更为严峻。

三、在园幼儿数减少带来的教职工分流和再就业压力仍在可控范围

2020年，我国幼儿园教职工共有519.82万人，其中，专任教师291.34万人，保育员108.54万人，二者的占比分别为56.05%和20.88%。假定2021年的占比保持不变，根据《2021年全国教育事业发展统计公报》公布的幼儿园专任教师数（319.1万人），可以得到2021年幼儿园教职工和保育员分别为569.31万人和118.87万人，以及全园教职工与幼儿比和全园保教人员（专任教师和保育员）与幼儿比分别为1∶8.44和1∶10.97。据此，我们同样可以分三种情境对2022—2025年幼儿园教职工与幼儿的配备比例进行测算（见图4）。

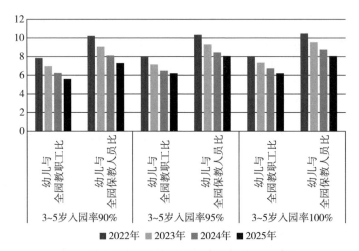

图4　幼儿园教职工与幼儿配备比例的三种情境

资料来源：根据《中国统计摘要（2021）》相关数据自行计算。

情境一：假定到 2025 年 3~5 岁入园率达到 90%，同时 2022—2025 年幼儿园教职工及保教人员数保持 2021 年的水平，则 2022—2025 年的全园教职工与幼儿比和全园保教人员与幼儿比依次为 1∶7.85 和 1∶10.21、1∶6.98 和 1∶9.07、1∶6.25 和 1∶8.12、1∶5.62 和 1∶7.31。

情境二：假定到 2025 年 3~5 岁入园率达到 95%，同时 2022—2025 年幼儿园教职工及保教人员数保持 2021 年的水平，则 2022—2025 年的全园教职工与幼儿比和全园保教人员与幼儿比依次为 1∶7.96 和 1∶10.34、1∶7.16 和 1∶9.31、1∶6.49 和 1∶8.44、1∶5.91 和 1∶7.69。

情境三：假定到 2025 年 3~5 岁入园率达到 100%，同时 2022—2025 年幼儿园教职工及保教人员数保持 2021 年的水平，则 2022—2025 年的全园教职工与幼儿比和全园保教人员与幼儿比依次为 1∶8.06 和 1∶10.48、1∶7.35 和 1∶9.55、1∶6.74 和 1∶8.76、1∶6.21 和 1∶8.07。

根据教育部 2013 年印发的《幼儿园教职工配备标准（暂行）》关于不同服务类型幼儿园教职工与幼儿的配备比例，即便参照全日制幼儿园的标准（即 1∶5 ~ 1∶7 和 1∶7 ~ 1∶9），虽然 2022—2025 年在园幼儿数将出现一定规模的减少，但由此带来的教职工分流和再就业压力仍在可控范围，基本可以通过改善幼儿园教职工与幼儿的配备比例在幼儿园内部统筹解决，且大致在 2023 年就能达到配备比例的门槛要求，为进一步提高学前教育师资配置能力提供空间。

值得注意的是，2016 年以来，民办园教职工和保教人员数的变化情况同样以 2019 年为界大致分为两个阶段，前半段稳步增加，后半段逐渐减少。与此同时，公办园教职工和保教人员数则持续稳步增加。进一步改善幼儿园教职工与幼儿的配备比例，对营利性民办园和普惠性民办园而言，均意味着办园成本的进一步增加，且后者的成本压力会更大（见图 5）。因此，在园幼儿数减少带来的民办园教职工分流和再就业问题，仍须在幼儿园内部统筹解决的同时，努力寻求新的解决办法。

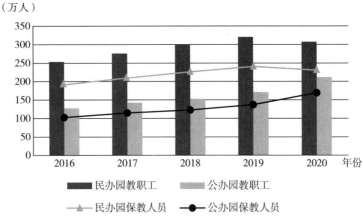

图5 不同性质幼儿园教职工和保教人员变化情况

资料来源：根据历年《中国教育统计年鉴》。

四、在园幼儿数减少对"十四五"时期托育服务发展的影响分析

当前，各地正在按照"十四五"规划提出的每千人口拥有 3 岁以下婴幼儿托位数 4.5 个的目标，多渠道增加托育服务尤其是普惠托育服务供给，其中，就包括鼓励和支持有条件的幼儿园开设托班。截至 2021 年底，我国每千人口拥有托位数已由 2020 年 1.8 个增至 2.03 个左右，据此可以得到托位总数大致为 286.76 万个。据测算[①]，到 2025 年对应的全国托位数约为 636.17 万个，还存在 349.41 万个左右的托位数缺口，2022—2025 年平均每年需要增加 87.35 万个。

---

① 根据国务院发展研究中心社会和文化发展研究部人口迭代模型测算。

现实中，幼儿园开设托班这种"托幼一体化"模式往往比那些只提供 3 岁以下婴幼儿照护服务的托育机构更受家庭青睐，因此，这也将对"十四五"时期托育服务适度有序发展提出新的要求。假定当年较上年减少的在园幼儿数与当年学位缺口之差，即为当年可转化的学前教育学位资源。据此，我们同样可以分三种情境对 2022—2025 年可转化的学位资源情况进行测算（见图 6）。

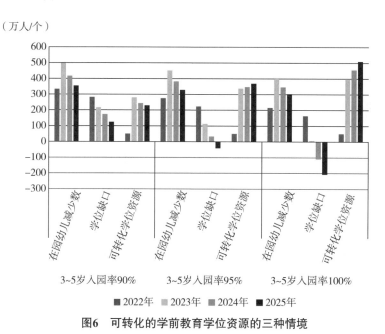

图6 可转化的学前教育学位资源的三种情境

资料来源：根据《中国统计摘要（2021）》相关数据自行计算。

情境一：假定到 2025 年 3~5 岁入园率达到 90%。2022 年在园幼儿数较 2021 年减少 334.28 万人，如前所述，2022 年学位缺口 282.77 万个，则 2022 年可转化的学位资源为 51.51 万个。以此类推，2025 年可转化的学位资源大致为 229.91 万个。

情境二：假定到 2025 年 3~5 岁入园率达到 95%。2022 年在园幼儿数较 2021 年减少 274.85 万人，如前所述，2022 年学位缺口 223.34 万个，则 2022 年可转化的学位资源为 51.51 万个。以此类推，2025 年可转化的学位资源大致为 369.77 万个。

情境三：假定到 2025 年 3~5 岁入园率达到 100%。2022 年在园幼儿数较 2021 年减少 215.43 万人，如前所述，2022 年学位缺口 163.92 万个，则 2022 年可转化的学位资源为 51.51 万个。以此类推，2025 年可转化的学位资源大致为 509.63 万个。

此外，考虑到大多数入托婴幼儿的年龄在 2~3 岁，根据国家卫生健康委 2019 年印发的《托育机构设置标准（试行）》关于托大班[①]的保育人员与婴幼儿的比例标准（1∶7），可以测算出到 2025 年需要增加保育人员约 49.92 万人，2022 年至 2025 年平均每年需要增加 12.48 万人。对于托育机构所需配备的保健人员、炊事人员以及保安人员等其他人员规模，可大致按照保育人员数的 10% 进行估算，即到 2025 年的总缺口数约为 4.99 万人，平均每年需要增加 1.25 万人。根据以上估算，到 2025 年实现"十四五"规划提出的托位数目标，需要增加托育服务人员约 54.91 万人，平均每年需要增加 13.73 万人。这部分人员需求缺口或将成为解决幼儿园特别是民办园在园幼儿数减少带来的教职工分流和再就业问题的重要渠道。

五、统筹优化学前教育资源的建议

一是全面掌握在园幼儿数和学位缺口变化的结构和分布特点，科学研

[①] 《托育机构设置标准（试行）》第四章（人员规模）第十九条规定："托育机构一般设置乳儿班（6~12 个月，10 人以下）、托小班（12~24 个月，15 人以下）、托大班（24~36 个月，20 人以下）三种班型。18 个月以上的婴幼儿可混合编班，每个班不超过 18 人。"第二十条规定："合理配备保育人员，与婴幼儿的比例应当不低于以下标准：乳儿班 1∶3，托小班 1∶5，托大班 1∶7。"第二十一条规定："按照有关托儿所卫生保健规定配备保健人员、炊事人员。"第二十二条规定："独立设置的托育机构应当至少有 1 名保安人员在岗。"

判人口变化带来的风险挑战。无论是学前教育在园幼儿数和学位缺口的变化情况，还是幼儿园及在园幼儿数"两增一减"的变化趋势，甚至幼儿园教职工与幼儿配备比例的逐渐改善，反映的均是全国层面供给总量的变化特点。当前，我国城乡之间、区域之间甚至同一地区不同区位之间的学前教育发展仍不平衡不充分，"低价优质"的公办园等稀缺资源仍供不应求，甚至"一位难求"，普惠性学前教育资源区域性、结构性矛盾仍较为突出。因此，不同区域、不同性质幼儿园的变化情况并不可能完全一致，必须在科学研判在园幼儿数和学位缺口变化的结构和分布特点的前提下，既要多渠道持续增加普惠性学前教育资源供给，也要有效应对学前教育资源利用不充分可能产生的各种风险，还要有针对性推动托幼资源的有序衔接与转换。

二是鼓励和支持幼儿园改善教职工与幼儿配备比例，及时把握学前教育提升质量的机会窗口期。尽快完善对营利性民办园和普惠性民办园进行分类管理的基本制度、配套政策和认定标准，继续加大并落实对普惠性民办园的扶持力度，重点解决场地、投入等突出问题，降低办园成本，充分发挥财政资金对幼儿园主动改善教职工与幼儿配备比例的引导作用，尽可能在幼儿园内部统筹解决在园幼儿数减少带来的教职工分流和再就业问题，为进一步提高学前教育服务质量创造有利条件。

三是做好托幼资源转化的可行性评估和政策储备，及时把握托育服务扩大供给的机会窗口期。尽快制定幼儿园开设托班的管理办法以及对师资、环境和课程等方面的要求，既体现0~3岁和3~6岁保育和教育的衔接性与连贯性，又能遵循3岁以下婴幼儿发展的特殊性。在科学评估区域内学前教育资源存量的前提下，鼓励和支持有条件的幼儿园开设招收2~3岁婴幼儿的托班。完善和落实已出台的各项普惠托育服务支持政策，统一规范包括幼儿园托班在内的各类托育服务价格，避免托育服务行业盲目扩张和价格恶性竞争，尽可能减轻幼儿园托班对托育服务市场的冲击。

四是提前建立学前教育师资分流转岗机制，及时把握托幼行业人力资本统筹开发的机会窗口期。对确实无法在幼儿园内部统筹解决的富余教职工，要为其分流到托育服务行业再就业提供便利。一方面，要健全托育服务从业人员待遇和激励保障政策，推动建立基本工资标准和薪酬制度，探索建立托育机构人员岗位分级发展等制度，建立幼儿园师资转入托育服务行业的职称待遇衔接制度，畅通职业发展渠道，切实增强职业吸引力。另一方面，尽快完善托育服务从业人员职业素养的提升、考核与认定体系，依托公办托育服务机构和承担指导功能的示范性、综合性托育服务中心等，建立幼儿园师资转入托育服务行业的转岗培训体系，加强岗前培训、定期培训和全员轮训等制度，不断提升职业技能培训质量，扩大合格托育服务从业人员规模。

执笔人：佘　宇（国务院发展研究中心）

（本文成稿于 2022 年 11 月 4 日）